TEXTE DER HETHITER

Herausgegeben von A. Kammenhuber

Heft 11

INGE HOFFMANN

Der Erlaß Telipinus

HEIDELBERG 1984

CARL WINTER · UNIVERSITÄTSVERLAG

CIP-Kurztitelaufnahme der Deutschen Bibliothek

Hoffmann, Inge:

Der Erlaß Telipinus / Inge Hoffmann. - Heidelberg: Winter, 1984.

(Texte der Hethiter; H. 11)

ISBN 3-533-03589-1 kart.
ISBN 3-533-03590-5 Gewebe

NE: GT

ISBN 3-533-03589-1 kart.
ISBN 3-533-03590-5 Ln.

Imprimé en Allemagne. Printed in Germany
Reproduktion und Druck: Carl Winter Universitätsverlag, Abteilung Druckerei, Heidelberg

INHALTSVERZEICHNIS

		Seite
	Vorwort	VII
I.	Zur Textüberlieferung	1
II.	Text und Übersetzung	11
III.	Weitere Texte Telipinus	57
	Akkadischer Text des Erlasses	58
	KBo XII 8(//9)	63
	KUB XXI 48	68
IV.	Der Telipinu-Erlaß und seine Zeit	71
	1. König Telipinu und sein Erlaß	72
	2. Der panku	76
	3. Die Todesstrafe bei Telipinu	81
	4. Zur Thronfolgeordnung	86
	5. Zur Sprache des Telipinu-Erlasses	92
V.	Wortuntersuchungen	97
	1. ilaššar	98
	2. karši-	109
	3. LÚ ME ŠE-DI	116
	4. munnai-	120
	5. suu̯ai-	123
VI.	Indices	145
	1. Hethitisch	146
	2. Zahlen	183

Seite

3. Sumerogramme 184
4. Akkadogramme 193
5. Eigennamen 196
   A. Personennamen 196
   B. Ortsnamen 198
6. Abkürzungs- und Literaturverzeichnis 205

Vorwort

Diese Arbeit ist als Ergänzung zu Werner EISELEs Dissertation: Der Telipinu-Erlaß (München 1970) gedacht. Da diese Dissertation nur eine vorläufige Pflichtfassung darstellt und aus verschiedenen Gründen nicht für den Druck überarbeitet wurde, ist eine Neufassung (in Abstimmung mit Herrn Dr. Eisele) wohl berechtigt. So mußten seitdem neu edierte Fragmente eingearbeitet und vor allem ein Index erstellt werden. Die Dissertation enthält einen fortlaufenden Textkommentar; darauf wurde hier verzichtet. Statt dessen werden nur Anmerkungen (und einige Wortuntersuchungen) zu Einzelwörtern gegeben sowie kurze Zusammenfassungen zu historisch-juristischen Problemen wie der Thronfolgeordnung, der Stellung des panku usw.

Eigentlich war noch eine juristische Auswertung durch Herrn Dr. Eisele geplant, doch ließ sich das nach erneuter Durcharbeitung des Textes nicht mehr durchführen. Der Erlaß ist in jeder Hinsicht singulär; Schlüsse auf juristische Gegebenheiten allein aus ihm zu ziehen, hieße der Spekulation zuviel Raum geben.

Für viele hilfreiche Anregungen, mehrfache Diskussionen sowie für die Erlaubnis zur Benutzung ihres Zettelkastens habe ich Frau Prof. Dr. Annelies Kammenhuber zu danken.

Ebenso möchte ich Herrn Dr. Ahmet Ünal und Fräulein Albertine Hagenbuchner, M.A., für ihre Hilfe und zahlreiche nützliche Ratschläge danken.

Ferner gilt mein Dank Frau Dr. Liane Jakob-Rost, Direktor der Staatlichen Museen zu Berlin, für die Kollation einiger Zeichen und Herrn Prof. Dr. Horst Klengel, Akademie der Wissenschaften der DDR, Berlin, für die Zusendung der in Berlin befindlichen Fotos des Telipinu-Erlasses.

München, im März 1984 I. Hoffmann

I. Zur Textüberlieferung

Der Telipinu-Erlaß (CTH 19) ist uns in neun Exemplaren der hethitischen Version überliefert:

A. KBo III 1 + KBo XII 5 + KBo III 68 + KBo XII 7(=BoTU 23 A)
B. KUB XI 1(=BoTU 23 B) + KBo XIX 96
C. KBo III 67(=BoTU 23 C) + KUB XXXI 2(=BoTU 23 G) + KUB XXXI 17
D. KUB XI 5(=BoTU 23 D)
E. KUB XI 6(=BoTU 23 E)
F. KUB XI 2(=BoTU 23 F) + IBoT III 84 + KBo XIX 97
G. KBo VII 15 (+) KBo XII 4
H. KBo XII 6
I. VBoT 107

Wahrscheinlich ist das kleine Fragment KBo XII 12 bei Rs.III 28-33 einzufügen.

Dazu kommen noch vier Bruchstücke in akkadischer Sprache: KUB III 85 (+) 223/g (vgl. OTTEN, MDOG 76.43 (+) KBo I 27 sowie KUB III 89, das zu einem anderen Exemplar zu gehören scheint.

In der folgenden Tabelle wird ein Überblick darüber gegeben, welche Paragraphen in den verschiedenen Fragmenten vorhanden sind. Paragraphen, die weniger als zehn lesbare Zeichen enthalten, sind dabei in Klammern gesetzt.

	A	B	C	D	E	F	G	H	I	akk.
§ 1	x	x	x							x
§ 2	x	x	x							x
§ 3	x	x	x							x
§ 4	x	x	x							x
§ 5	x	x	x							
§ 6	x	x	x							
§ 7	x	x								
§ 8	x	x								
§ 9	x	x								
§10	x	x								
§11	x	x								
§12	x	(x)								
§13	x						(x)			(x)
§14	x						x			x
§15	(x)									x
§16	x		x							x
§17			x	(x)						x
§18			x	x						x
§19		x	x	x	x					(x)
§20		x	(x)	x	x					
§21	x	x		x						
§22	x	(x)								
§23	x									
§24	x									
§25	x									

	A	B	C	D	E	F	G	H	I	akk.
§26	x						x			
§27	x						x		x	
§28	x						x			
§29	x						x			
§30	x									
§31	x				x					
§32	x				x					
§33					x	x	x	x		
§34						x	x	x		
§35							x	x		
§36							x			
§37	x									
§38	x	x	x							
§39	x	x	x							x
§40	x		x	x						x
§41	(x)									x
§42	(x)									
§43	(x)									
§44	x									
§45										
§46		x								
§47		x								
§48	x	x								
§49	x	x	x							
§50	x	x	x							
Kol.			x							

Leider befindet sich unter den Bruchstücken kein einziges aus althethitischer Zeit. Im Gegenteil, es handelt sich durchgehend um recht junge Abschriften. Nach den in THeth 9.99ff. erstellten Datierungskriterien nach Zeichenformen sind A und C unter Tutḫaliya IV. (oder später) geschrieben worden. B macht einen etwas älteren Eindruck (s. auch die sprachlichen Kriterien S.7); abgesehen von zwei jüngeren <u>ik</u> (IV 21 bis) könnte es ab Šuppiluliuma I. geschrieben sein. Möglich ist eine Zuweisung an Muršili II., da bei <u>ik</u> bisher nicht eindeutig geklärt werden konnte, ob die jüngere Form erst bei Muwatalli oder schon in den späteren Jahren Muršilis vorkommt. Diese drei Bruchstücke weisen über 70 Zeilen Text auf, erlauben also eine Datierung der Niederschrift.

Anders steht es mit den weiteren Fragmenten, die zu kurz sind, um eine feste zeitliche Festlegung zu erlauben. D (24 frgm. Zeilen) und E (21 frgm. Zeilen) sind ab Muwatalli möglich; F (17 frgm. Zeilen) sagt nichts weiter aus, als daß der Text ab Arnuwanda I. niedergeschrieben wurde. G (30 frgm. Zeilen) hat außer einem jüngeren <u>ik</u> (KBo XII 4 II 7) nur Zeichen, die ab Arnuwanda I. gebräuchlich sind. H (8 frgm. Zeilen) gibt überhaupt keinen zeitlichen Anhaltspunkt; I (3 Zeilen) ist möglich ab Muwatalli.

Es ist anzunehmen, daß mehrere der uns überlieferten hethitischen Bruchstücke ursprünglich Bestandteile ein und derselben Tafel waren. Ein Vergleich der Fragmente zeigt aber, daß nicht zusammengehören können:

A, B und C (§ 1)
A und G (§14)
B, C, D, E (§19)

A, B und D (§21)

A, I und G (§27)

A und E (§32)

A, E und F (§33)

A, F, G, H (§33)

A, C und D (§40).

Das bedeutet: A kann mit keinem der anderen Bruchstücke zusammengehören; B könnte zusammengehören mit F, G, H und I; C mit F, G, H und I; D mit F, G, H und I; E mit G, H und I; F mit B, C, D, G, I; G mit B, C, D, E, F, H, I; H mit B, C, D, E, G, I; I mit B, C, D, E, F, G, H.

Die Fragmente stammen also von mindestens 5 verschiedenen Exemplaren, da A, B, C, D und E einander ausschließen.

Diese Aussage läßt sich aber noch weiter präzisieren. Bei Durchsicht der verschiedenen Texte läßt sich erkennen:

I 6: Variante B/C

I 12: Variante A/B, außerdem leichte Variante[1] A/C

I 12: Variante A/B

I 13: Variante A/B, außerdem leichte Variante B/C

I 14: Variante A/B

I 17: leichte Variante A/B

I 20: Variante A/B

I 21: Variante A/B

I 23: Variante A/B

---

1) "leichte Variante" bedeutet vor allem unterschiedliche Schreibung, z.B. KUR-e statt utne, NAM.RA^{MEŠ} statt NAM.RA$^{\text{Ḫ}\text{I.A}}$.

I 24: leichte Variante A/B

I 28: leichte Variante A/B

I 32: leichte Variante A/B

I 32: Variante A/B (bis)

I 66: Variante C/D

I 66: leichte Variante B/D

I 66: Variante B, D/C

I 67: Variante B/C, D, E

I 67: Variante B/C

I 68: Variante D/E

I 69: Variante D/E

I 71: leichte Variante B/D

II 3: Variante A/B

II 3: leichte Variante A/D

II 30: Variante A/G (bis)

II 34: leichte Variante A/G

II 36: Variante A/G

II 37: Variante A/G

II 40: Variante A/G

II 57: leichte Variante A/E

II 58: Variante A/E

II 60: leichte Variante A/E

II 60: Variante A/E

II 61: Variante A/E

II 62: Variante A/E

II 67: leichte Variante A, E/F

II 68: Variante A, F/E

II 71: Variante A/F

II 72: Variante A/H, außerdem leichte Variante A/F, G

III 1: Variante F/G, außerdem leichte Variante H/G

III 1: Variante F, G/H

III 1: Variante F/G

III 3: Variante F/H, G

III 43: Variante A, C/B

III 43: Variante A/B, C

III 48: Variante A/B, außerdem leichte Variante A, C/B

III 49: Variante A, C/D

III 51: Variante A, D/C

IV 26/18': Variante B/C

IV 31/23': Variante B/C

IV 32/24': Variante B/C

IV 34/26': Variante B/C.

Zusammengefaßt heißt das: B steht abseits aller anderen Texte, A tritt näher mit D zusammen, C mit F und E mit G. Über H und I läßt sich nichts aussagen; beide könnten zu jedem der mindestens 5 Textexemplare gehören.

Zusätzlich läßt sich noch feststellen: B und G weisen in der Regel die älteren (richtigeren) Formen und Schreibungen auf. Daher könnten B und G zu einem Exemplar gehören. B hat z.B. I 32 DAM-an ḫarta statt jüngerem DAM-anni ḫarta, G II 40 [am]mel EGIR-an statt jüngerem ammuk EGIR-anda. Der Zusatz in I 32 (B), wo von der Tochter des Ḫantili die Rede ist, stellt deswegen wohl keinen Einschub dar, sondern ist ein Textbestandteil, der bei A vergessen wurde. Gerade weil B oft allen anderen Exemplaren gegenübersteht, scheint es z.B. auch unwahrscheinlich, daß in IV 30/22' die Schreibung alu̯anzannas našta in B und C eine Dittographie für alu̯anzannašta ist (so SOMMER, HAB 86, Anm. 3 und HW^2 466a). Ein leicht zu erkennender Fehler dieser Art wird wohl nicht unbesehen durch alle weiteren Abschriften mitgeschleppt, sondern irgendwann einmal korrigiert.

Den Varianten in B und G ist im allgemeinen der Vorzug zu geben; möglicherweise ist deshalb auch in I 31 der abgebrochene Königinnenname *-š]e$^{?}$-ki$^{?}$-in$^{!}$*, also ^{f}*Ḫarapšeki*, der ursprüngliche gegenüber später überliefertem ^{f}*Ḫarapšili* (^{f}*Ḫarapšeki* wird auch in der Opferliste KUB XXXVI 120 Vs.10 nach Ḫantili und vor Ammuna genannt; die Form ^{f}*Ḫara]pšili* scheint allerdings auch in der akkadischen Version des Telipinu-Erlasses KUB III 89 I 12' zu stehen)[1].

Daß der Telipinu-Erlaß ursprünglich in akkadischer Sprache abgefaßt war und erst später ins Hethitische übersetzt wurde, beweist der altbabylonische Spezialausdruck (*ālam*)*epēšum* "(eine Stadt) machen = erobern", der im hethitischen Text mit dem Verbum *ii̯a-* konstruiert wurde (I 8) (s. außerdem S.13, Anm.4). Zwischen der Entstehung des Textes und der Übersetzung muß also einige Zeit liegen. Leider läßt sich jedoch kein Indiz für die Abfassungszeit der Übersetzung finden. Man kann nur soviel sagen, daß dieser Zeitpunkt kaum später als zu Muršilis II. Regierungszeit liegen kann (sehr wahrscheinlich früher). Falls, wie oben angenommen, das jüngere Zeichen für *ik* schon bei Muršili auftritt, sind jedenfalls B und G in seine Epoche zu datieren. Auch die erhaltenen akkadischen Fragmente scheinen den Zeichenformen nach in diese Zeit zu gehören; vor allem auffällig

---

1) Für die Verwechslung von Ḫarapšeki und Ḫarapšili zu allen Zeiten, s. schon A. GOETZE, JCS 11 (1957) 55, Anm. 23.

ist an ihnen, daß sie eine Form des jüngeren Ù aufweisen, die bis jetzt nur bei Šuppiluliuma I. und Muršili II. belegt ist (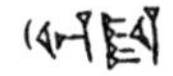, z.B. KUB XXI 18 Rs.3', KBo V 4 Rs.30).

Demnach läßt sich folgender Stammbaum aufstellen:

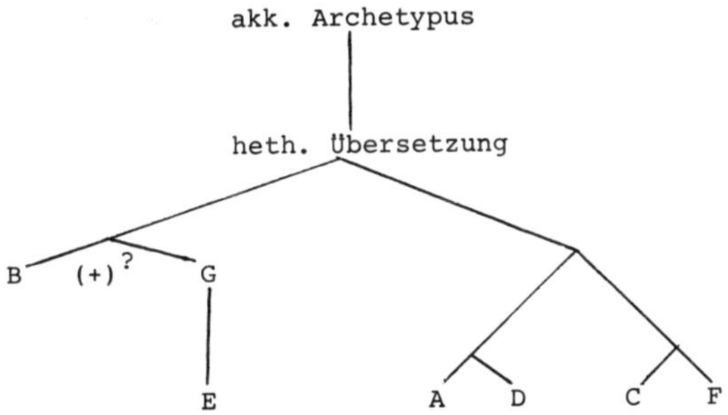

II. Text und Übersetzung

Vs. I

§ 1 1 [UM-MA (ta-ba-ar-na ^{m}Te-li-pị-nu LUGAL.GAL)][a]

2 [ka(-ru-ú ^{m}La-ba-ar-na-aš LUGAL.GAL)] ẹ-eš-tạ n[(a-pa) DUMU$^{M(EŠ}$-ŠU) ŠEŠ$^{M(EŠ}$-ŠU)]

3 [($^{LÚ.MEŠ}$ga-e-na-aš-še-eš-ša LÚ^{MEŠ}ḫa-aš-š)] a-an-na-aš-ša-aš Ú [(ERÍN^{MEŠ}-ŠỤ)]

4 [(ta-ru-up-pa-an-te-eš e-še-i)]r

---

§ 2 5 [(nu ut-ne-e te-pu e-eš-ta ku-)] u̯a-at-ta-aš[b] la-aḫ-ḫa-ma pa-iz-zi

6 [(nu ^{LÚ}KÚR-an[c] ut-ne-e ku-ut-)] ta-ni-it tar-aḫ-ḫa-an ḫar-ta

---

§ 3 7 [(nu ut-ne-e ḫar-ni-in-ki-)] ịš-ki-it nu ut-ne-e ar-ḫa tar-ra-nu-ut

8 [nu-uš a-ru-na-aš ir-ḫu-u)] š[d] i-e-it ma-a-na-aš[e] la-aḫ-ḫa-az-ma EGIR-pa ú-iz-zi

9 [(nu DUMU^{MEŠ}-ŠU ku-iš-)]š[(a k)]u-u̯a-at-ta ut-ne-e pa-iz-zi

---

a) Zeile 1 nur in C erhalten.

b) B I 4' ku-u̯a-t[a]-aš.

c) Erg. nach C I 6; B I 5' $^{LÚ.MEŠ}$KÚR-an.

d) B I 7' ir-ḫu-u-uš.

e) B I 7' [ma-] a-na-š[a]-pa.

Vs.I

§ 1 1 [Folgendermaßen] (spricht) der _tabarna_ Telipinu, der Großkönig:

2 [Frü]her war Labarna Großkönig. Da waren seine Söhne, seine Brüder,

3 seine angeheirateten Verwandten, die Männer seiner Sippe und seine Truppen

4 vereinigt.

---

§ 2 5 Das Land war wenig. Wohin er aber ins Feld[1)] zog (Prs.),

6 hielt er das Land des Feindes[2)] mit (starkem) Arm[3)] besiegt.

---

§ 3 7 Die Länder vernichtete er (immer wieder) und er entmachtete die Länder.

8 Er machte sie zu Grenzen des Meeres[4)]. Sobald er aber vom Feldzug[1)] zurückkam (Prs.),

9 ging (Prs.) jeder seiner Söhne (irgend)wohin in ein Land.[5)]

---

1) In der akkadischen Fassung KUB III 85 Vs.(5), 9 KARAŠ.

2) B: der Feinde.

3) Eigentlich: mit dem Nacken; H.C. MELCHERT, Abl. and Instr 373 vermutet eventuelle Entsprechung zu GEŠPÚ.

4) Hier steht in KUB III 85 I 8: _ù_ KUR.KUR-_tim_ _a-na_ ZAG A.AB.BA _e_[!] [_-pu-uš_. _epēšum_ scheint hier in der speziellen, im Altbabylonischen (Māri) belegten Bedeutung "(eine Stadt) machen = erobern" vorzuliegen (AHw 225.6b; CAD E 202a); demnach ist gemeint: "er eroberte die Länder (bis) zur Grenze des Meeres (hinter _ana_ ZAG steht wohl ein heth. A. der Richtung)." Daß z.Zt. der heth. Übersetzung dieser Ausdruck nicht mehr richtig verstanden wurde, zeigt die merkwürdige Satzkonstruktion, die als Objekt nicht mehr die Länder, sondern irgendwelche Personen (Feinde[?]) annimmt.

5) D.h. jeder in ein anderes Land.

<u>Vs.I</u>

§ 4 10 [(^{URU}Ḫ)]u-u-piš-na[a] ^{URU}Tu-u-ṷ[(a-n)]u-ṷa ^{URU}Ne-na-aš-ša ^{URU}La-a-an-da[b] ^{URU}Za-al-la-ra

11 [(^{URU})]Pár-šu-ḫa-an-ta[c] ^{URU}Lu[(-u-u)]š-na[d] nu ut-ne-e ma-ni-i̭a-aḫ-ḫi-eš-ki-ir[e]

12 [(nu)] $^{URU DIDLI.ḪI.A}$ GAL.GAL<u>TIM</u>[f] [(t)]i-it-ti-i̭a-an-te-eš[g] e-šir[h]

---

§ 5 13 [(EGI)]R-pa[i] ^{m}Ḫa-at-tu-š[(i-l)]i-iš[j] ḫa-aš-šu-u-e-it na-pa a-pí-el-la[k] DUMU^{MEŠ}-<u>ŠU</u>

14 [(ŠEŠ^{MEŠ}-<u>Š</u>)]<u>U</u> $^{LÚ.MEŠ}$ga-e-n[(a-aš-še-)]iš[l] LÚ^{MEŠ} ḫa-aš-ša-na-aš-ši-ša[m] Ù ERÍN^{MEŠ}-<u>ŠU</u>

15 ṭa-ru-up-pa-an-te-eš e-š[ir][n] ku-ṷa-at-ta-aš[o] la-aḫ-ḫa-ma pa-iz-zi

16 nu a-pa-a-aš-ša ^{LÚ}[(KÚR-an[p] ut-n)]e-e ku-ut-ta-ni-it tar-aḫ-ḫa-an ḫar-ta

---

a) B I 9' ^{URU}Ḫụ-u-pí-iš-na, C I 10 ^{URU}.Ḫu-pí-iš-na.
b) B I 9' ^{URU}.Lạ-a-an-ta.
c) B I 10' ^{URU}Pár-šu-ḫa-an-da.
d) C I 11 ^{URU}Lu-uš-na.
e) B I 10' und C I 12 ma-ni-i̭a-aḫ-ḫi-iš-ki-ir.
f) B I 11' <u>RA-BU-Ú-TIM</u>, C I 12 GAL.GAL.
g) B I 11' ti-it-ti-i̭a-an-ta.
h) B I 12' e-eš-ta.
i) B I 12' EGỊR-pa-ma, C I 13 EGIR-<u>ŠU</u>-ma.
j) C I 13 ^{m}Ḫa-at-tu-ši-i̭-li-iš.
k) B I 12' a-pị-ẹ-el-la.
l) B I 13' $^{LÚ.MEŠ}$ga-i-na-aš-še-iš.
m) B I 13' LÚ^{MEŠ}ḫa-aš-ša-an-na-aš-ša-aš, C I 14 nach FORRER LÚ^{MEŠ}ḫa[-aš-ša-a]n-na-aš-ša, in der Ed. nach LÚ^{MEŠ}ḫa[- abgebrochen.
n) B I 14', C I 15 e-še-ir.
o) B I 14' ku-ṷa-ta-aš, C I 15 ku-ṷa-t[a-.
p) Erg. nach C I 16; B I 14' $^{LÚ.MEŠ}$KÚR-an.

Vs.I

§ 4 10 In Ḫupišna, Tuwanuwa, Nenašša, Landa, Zallara,
11 Paršuḫanta, Lušna, (da) verwalteten sie (dauernd) das Land.
12 Den großen Städten ging es wohl[1].

---

§ 5 13 Danach war Ḫattušili König. Da waren seine Söhne,
14 seine Brüder, seine angeheirateten Verwandten, die Männer seiner Sippe und seine Truppen
15 vereinigt. Wohin er aber ins Feld zog (Prs.),
16 da hielt auch jener das Land des Feindes[2] mit (starkem) Arm besiegt.

---

1) Wörtlich: sie waren gesäugt, genährt, versorgt; den Hinweis auf titti̯a- "säugen" (KBo XIV 98 I 16, Dur.) verdanke ich A. Ünal.
2) B: der Feinde.

Vs.I

§ 6 17 nu ut-ne-e ḫar-ni-in[(-ki-iš-)] ki-it nu ut-ne-e[a)]
tar-ra-nu-ut nu-uš a-ru-na-aš

18 ir-ḫu-uš i-e-it ma-a[(-na-š)] a-pa lạ-a̦ḫ-ḫa-az-ma
EGIR-pa ú-iz-zi nu DUMU^{MEŠ}-ŠU

19 ku-iš-ša ku-u̯a-at-ta ut-ne̩-e pa-iz-zi a-pí-e-el-la[b)]
ŠU-i

20 URU$^{\text{DIDLI.ḪI.A}}$ [c)] GAL.GAL^{TIM} [d)] ti-it-ti̩-i̯a-an-te-eš
e-še-ir

---

§ 7 21 ma-a-an ap-pí-iz-zi-i̯a-an-ma Ị̀R^{MEŠ} DUMU^{MEŠ}.LUGAL
ma̩r-še-eš-še-ir[e)] nu É^{MEŠ}-ŠU-NU[f)]

22 ka-ri-pu-u-u̯a-an da-a-ir iš-ḫa[-š]a-aš-ma-aš-ša-an[g)]
[(t)]a-aš-ta-še-eš-ki-u-u̯a-an[h)] da̩-a-ir

23 nu e-eš-ḫar-šum-mi-it e-eš-šu-u̯a-a̩n[i)] ti-i-e-ir[j)]

---

a) B I 16' KUR-e.

b) B I 18' a-pí-el-la, C I 20 a-pí-e[l-, dann Bruch.

c) B I 18' KUR.KUR^{MEŠ}.

d) B I 18' GAL^{TIM}.

e) B I 20' ma̩r-še-e-ir.

f) B I 20' É$^{\text{ḪI.A}}$-ŠU-NU.

g) B I 21' -]aš-ša-ma-aš-ša-an.

h) B I 21' ta-aš-ta-ši-iš-ki̩[-.

i) B I 22' - š]u-u-u̯a-an.

j) B I 22' da̩-a-ir.

Vs.I

§ 6 17 Die Länder vernichtete er (immer wieder) und er entmachtete die Länder. Er machte sie
18 zu Grenzen des Meeres. Sobald er aber vom Feldzug zurückkam (Prs.), ging (Prs.) jeder seiner Söhne
19 (irgend)wohin in ein Land. Und auch in seiner Hand
20 ging es den großen Städten wohl.

---

§ 7 21 Als aber später die Diener[1] der Königssöhne untreu wurden[2], begannen sie ihre Häuser
22 aufzuzehren[3], gegen ihre Herren begannen sie sich immer wieder zu verschwören
23 und immer wieder ihr Blut zu vergießen.

---

1) ÌR bedeutet generell den Untergeordneten, der in einem bestimmten Abhängigkeitsverhältnis zum Übergeordneten steht; der deutsche Ausdruck wechselt je nach Umständen.
2) Wörtlich: falsch wurden (B: falsch waren).
3) D.h. den Besitz der Königssöhne zu verwirtschaften bzw. sich selbst anzueignen.

Vs.I

§ 8 24 ma-a-an ^{m}Mur-ši-li-iš ^{URU}Ḫa-at-tu-ši LU[GAL-] e-it[a)]
na-pa a-pị-e-el-lạ[b)] DUMU^{MEŠ}-ŠU
25 ŠEŠ^{MEŠ}-ŠU $^{LÚ.MEŠ}$ga-e-na-aš-ši-iš LÚ^{MEŠ} ḫa[-aš-š]a-an-
na-aš-ša-aš Ù ERÍN^{MEŠ}-ŠU ta-ru-up-pa-an-te-eš
26 e-še-ir nu ^{LÚ}KÚR-an ut-ne-e ku-ut-ta-n[(i-i)]t
tar-ạḫ-ḫa-an ḫar-tạ
27 [n]u ut-ne-e a[r-ḫ]a tar-ra-nu-ut nu-uš ạ[-ru-n]a-aš
ir-ḫu-ụš[c)] i-e-ịt

---

§ 9 28 [na-]aš ^{URU}Ḫal-pa pa-it nu ^{URU}Ḫal-pa-an ḫar-ni-ik-tạ nu
^{URU}Ḫal-pa-aš NAM.RẠ^{MEŠ} [d)] a-aš-šu-uš-še-it
29 [^{URU}]Ḫa-at-tu-ši ú-da-aš EGIR-pa-ma-aš ^{ỤRU}KÁ.DINGIR.RA
pa-it nu ^{URU}KÁ.DINGIR[(.RA-an)] ḫ̣ạr-ni-ik-ta
30 [ERÍN^{MEŠ}]ḫur-lu-uš-ša ḫu-ul-li-it[e)] ^{URU}KÁ.DINGIR.RA-aš
NAM.RA^{MEŠ} a-aš-šu-uš-še-it [^{UR}]^{U}Ḫa-at[-tu-ši]

§ 10 31 [(pí-e ḫar-t)]a / ^{m}Ḫa-an-ti-l[i-iš-š]a ^{LÚ}ŠÌLA.ŠU.DU$_{8}$.A-aš
ẹ-eš-ta nu-za ^{f}Ḫa-r[a-ap-]še-ki!-in [f)]

§ 11 32 [(NIN! ^{m}Mur-)] ši-i-li[g)] DAM-an-ni[h)] ḫar-ta[i)]/[nu] ^{m}[Z]i-
dan-ta[-aš] A-NA ^{m}Ḫa-an-ti-li [kat-ta-] an
33 [(ša-ra-)] ạ ú-li-eš-ta nu ḪUL-lu ut-t[ar i-e-i]r nu-kạn
^{m}Mur-ši-li-in ku-e[(n-nir)]
34 [(nu)] ẹ-eš-ḫar i-e-ir

---

a) B I 23' -š]u$^{?}$-u-e-it. b) B I 23' a-pí-el-la.

c) B I 26' i]r-ḫu-u-uš. d) B I 27' NAM.RA$^{HI.A}$.

e) B I 29' folgt nu.

f) Für ^{f}Ḫa-r[a-ap-ši-]li-in ist zu wenig Platz in der Lücke vorhanden; B I 31' -š]e$^{?}$-kị$^{?}$-in$^{!}$.

g) B I 31' ^{m}Mur-ši-DINGIR^{LIM}. h) B I 31' DAM-an.

i) Hier folgt in B I 32 ein Einschub: [ca. 15 Zeichen] x-an DUMU.SAL ^{m}Ḫa-an-tẹ-li (33') [ca. 15 Zeichen].

Vs.I

§ 8 24 Als Muršili in Ḫattuša Kö[nig] war, da waren seine Söhne,

25 seine Brüder, seine angeheirateten Verwandten, die Männer seiner Si[pp]e und seine Truppen

26 vereinigt. Das Land des Feindes hielt er mit (starkem) Arm besiegt

27 [und] er entmachtete das Land. Er machte sie zu Grenzen des M[eer]es.

---

§ 9 28 [E]r zog nach Ḫalpa. Er vernichtete Ḫalpa und brachte Umsiedler[1)] aus Ḫalpa (und) sein Gut

29 nach Ḫattuša. Danach aber zog er nach Babylon und vernichtete Babylon.

30 Auch die hurrischen [Truppen] bekämpfte er; und er brachte Umsiedler aus Babylon (und) sein Gut

§ 10 31 nach Ḫat[tuša] mit. / Und Ḫanti[li] war Mundschenk. Er hatte Ḫar[ap]šeki,

§ 11 32 die Schwester[2)] des Muršili, zur Frau[3)]./ [Z]idanta begab sich mit Ḫantili hinauf (in den Palast[?])[4)].

33 S[ie mach]ten eine böse Sa[che] und töteten Muršili.

34 Sie verübten eine Blut(tat).

---

1) Nach einem Vorschlag von Frau Prof. Kammenhuber. NAM.RA, heth. arnuu̯ala-, wird meist als "Zivilgefangener, Deportierter" übersetzt, s. zuletzt HW^2 336a. Der etwas euphemistische Ausdruck "Umsiedler" gleicht sich dem hethitischen Blickwinkel an; offenbar wird mehr der zukünftige Status betont (wohl schon von den Hethitern volksetymologisch mit arnu- "fortbringen" verbunden, s. HW^2 339a).

2) Zur Verwechslung der Zeichen DAM und NIN und den darauf beruhenden Interpretationen s. K.K. RIEMSCHNEIDER, Thronfolgeordnung 85, Anm.33 und S.R. BIN-NUN, THeth 5.87f.

3) B setzt hinzu: [Z. hatte ^{f}...]a, die Tochter des Ḫanteli, [zur Frau].

4) Sehr unsicher.

Vs.I

§ 12 35 [nu ^{m}Ḫa-an-]ti-li-iš na-aḫ-ša-ri-i̯a-ta-ti [nu-(u̯a$^{!?}$-kán pa-aḫ-)$^{a)}$ḫa-aš-ḫa$^{?}$ DINGI]R^{MEŠ}-an pa[-aḫ-š]e-ir

36 [. . . .] x ku-u̯a-at-ta pa-it ut-ne-e-an[-za . . . . . .] x$^{b)}$ ^{ỤRU}Aš[-ta-t]a-aš

37 [^{URU}Šu-uk-zi$^{?}$-]i̯a-aš ^{URU}Ḫu-ur-pa-na-aš ^{URU}Kạr-ga-mi[š . . . . - t]i$^{c)}$ [U-UL]

38 [ERÍN^{MEŠ} pi-eš-k]i-u-u̯a-an ti-i-e-ir nu-kán ERÍN^{MEŠ}-a[n . . . .]

---

§ 13 39 [ma-a-an ^{m}Ḫ]a-an-ti-li-iš-ša ^{URU}Ta-ga-ra-ma a-a[r-aš nu me-mi-iš-ki-]u-u̯a-an

40 [da-a-iš k]i-i-u̯a i-i̯a-nu-un ku-it nu-u̯a ^{m}Zi-dan[-ta-aš . . . . .]x-aš$^{d)}$

41 [. . . . .$^{e)}$ i]š-[ta-m]a-aš-šụ-un [[ịš-tạ-mạ[-aš-š]u-un]]$^{f)}$ k[u$^{?}$-it$^{?}$ . . . . -]e-it

42 [na-pa ^{m}Mur-ši-i-li-i̯a-aš] e-eš-ḫar DINGIR^{MEŠ}-iš ša-an-ḫ[i-(i)r]$^{g)}$

---

§ 14 43 [. . . . . . . ER]ÍN^{M}[^{EŠ} ḫ]ur-lu-uš KA$_5$.A$^{ḪI.A}$-uš ḫ[a-aḫ-ḫal-la-aš$^{h)}$ (pạ́r-ḫa-an-du-uš) ú$^{?}$-]ẹ-ri-ir

44 [. . . . . .$^{i)}$ A-]NA K[UR] ^{URU}Ḫa-at-ti ú-it n[u . . . .-t]a

45 [. . . . . . ut-]ne-e ú-e-ḫa-at-t[a-at . . . .]x

46 [. . . . . .-(dụ)$^{j)}$-uš$^{?}$] ú-e-ri-ir na-a[š

---

a) Bruch in B; es folgen noch vier Zeilen mit Zeichenspuren.
b) Zu erg. u̯a-ag-ga-ri-i̯a-a]t? c) Zu erg. A-NA KUR ^{URU}Ḫa-at-t]i?
d) Zu erg. ^{LÚ}ga-e-na-aš-m]a-aš?
e) Zu erg. me-mi-i̯a-nu-uš oder ud-da-a-ar?
f) Rasur. g) Hier beginnt G I. h) Erg. nach C II 7.
i) Zu erg. nu ^{LÚ}KÚR ḫur-la-aš? j) Bruch in G.

Vs.I

§ 12 35 [Ḫan]tili fürchtete sich: "[Werde ich] daraufhin [unter] Schutz stehen? Ihn haben die [Göt]ter gesch[ütz]t."[1]

36 [Und ....] wohin er ging, [wurde] die Landbevölkerung [abtrünnig?]; Aš[tat]a,

37 [Šuk?]ziya, Ḫurpana, Kargami[š] begannen [dem Land Ḫatt]i? [keine?]

38 [Truppen mehr (regelmäßig) zu ge]ben. Und die Truppe[n . . . . .]

---

§ 13 39 Und [als Ḫ]antili in Tagarama ank[am, begann er wiederholt zu sprech]en:

40 "Warum[2] habe ich [die]s getan? Wa[rum? habe ich] auf Zidan[tas, m]eines [Schwiegersohns? [1]]

41 Worte? geh]ört?" [. . . . . . .]te er.

42 [Und dann] fordert[en] die Götter (Vergeltung für) das Blut [des Muršili].

---

§ 14 43 [. . . . .] die hurrischen [Trupp]en, die Füchse, die ins Ge[büsch] verjagten, [r]iefen sie.

44 [Der hurrische Feind?] kam [i]n das L[and] Ḫatti u[nd . . . . -t]e.

45 [. . . . . in das La]nd wandt[e er sich . . . .].

46 [" . . . . die . . .]ten riefen sie; und e[r

---

1) Ergänzung unsicher.

2) Wörtlich: was?

Vs.I

§ 15 47 [ ]

48 [ ]

49 [ ]

50 [ ]x-ụš-[t]a$^{?}$

51 [-i]z$^{?}$-zi

52 [

---

§ 16 53 [. . . . . .n]u SAL.LUGAL ^{URU}[Šu-uk-
zi-i̯]a

54 [. . . . . SAL.LUG]AL ak-ki-iš-
ki[-u-u̯a-a]n dạ-a-ịš

55 [. . . . . ^{m}I-la-l]i-ú-mạ-aš-ta [a)]
[DUMU]^{MEŠ}.É.GAL

56 [(pa-ra-a[b)] dụ-ud-da-mi-li u-i-)i̯(a-a)t (nụ-za . . .
. .] x [. . .-i]t[c)]

57 [(SAL.LUGAL ^{URU}Šu-uk-zi-i̯a-u̯a a-ku ša-an-k)án e-ip-pir
<u>QA-DU</u> DUMU^{MEŠ}-<u>ŠU</u>-i̯a[d)] ku-e]n-nir[e)]

---

§ 17[f)] 58 [(ma-a-an ^{m}Ḫa-an-ti-i-li-iš SAL.LUGAL ^{URU}Šu-u)k-zi-i̯a
<u>Ù</u> DUMU^{MEŠ}-<u>ŠU</u>]

59 [(EGIR-an ša-an-aḫ-ta ku-iš-u̯a[g)]-ra-aš-kán kụ-)en-ta]

60 [(GAL DUMU^{MEŠ}.É.GAL ḫa-lu-kán ú-da-aš na-pa) ḫa-aš(-ša-
tar-š)e$^{?}$-it]

61 [(an-da ta-ru-up-pi-ir nu-uš ^{URU}Ta-ga-)ra-ma na-a-ir$^{?}$ [h)]

62 [(nu-uš-ša-an ḫa-aḫ-ḫal-la-aš pár-ḫi-ir še ạ)-kir$^{?}$]

---

a) Der Name ist erg. nach KBo I 27 Vs.(2); KUB III 89 I 13'.

b) Beginn C II.

c) A. GOETZE, JCS 11 (1957) 56, Anm.38, ergänzt hier te-]it.

d) Erg. nach KBo I 27 Vs.4.

e) Bruch in A, es folgen noch einige Zeichenspuren.

f) Die Paragraphen 17ff. sind ganz zerstört, § 17 erg. nach C.

g) Beginn D Vs.

h) Erg. nach KBo I 27 Vs. 9.

Vs.I

§ 15 47[ ]

48[ ]

49[ ]

50[ ]x

51[-]t er

52[ ]

---

§ 16 53[. . . . . un]d die Königin von [Šukziy]a

54[. . . . . . . die König]in lag im Ster[be]n.

55[. . . . . . Und Ilal]iuma sandte Palast[junker]

56 heimlich aus. [Da sag]te [. . . . .]:

57 "Die Königin von Šukziya soll sterben!" Und sie [ergriffen]
sie [und töt]eten sie [mit ihren Söhnen].

---

§ 17 58 Als Ḫantili nach der Königin von Šu[kziya und ihren Söhnen]

59 forschte: "Wer hat sie getö[tet?"],

60 brachte der Oberste der Palastjunker die Botschaft her.
Dann sammelten sie i[hre Sip]pe

61 und [brachten] sie nach Tag[arama] [1],

62 und jagten sie in die Büsche. Und sie st[arben?.]

---

1) DEL MONTE, Rép.Géogr. 6.382 setzt (wohl fälschlich) eine Stadt Tagalaḫa an, nach KBo I 27 Vs. 9 -l]a-ḫa ub-lu-šu-nu-ti.

Vs.I

§ 18[a] 63 [(ma-a-an ^{m}Ḫa-an-ti-i-li-iš-ša ^{LÚ}ŠU.G)I ki-ša-a(t na-aš DINGIR^{LI})^{M}-iš (ki-ik-ki-iš$^{!}$-šu-u̯-u̯a-an)]

64 [(da-a-iš nu-kan ^{m}Zi-dan-ta-a)š ^{m}Pí-še-ni-in (DUMU ^{m}Ḫa-an-ti-i-li QA-DU DUMU^{MEŠ}-ŠU)]

65 [(ku-en-ta ḫa-an-te-iz-z)i-uš-ša (ỊR^{MEŠ}-ŠU ku-en-ta)][b]

---

§ 19[c] 66 [(^{m}Zi-dan-ta-aš-ša LUGAL-)u(-ẹ-it[d] na-pa DINGIR^{MEŠ}) ^{m}(Pí-še-ni-i̯a-aš iš-ḫar[e] ša-an-ḫi-ir)]

67 [(nu-uš-ši ^{m}Am-mu-na-an ḫa-aš-ša-an-ta-an[f] DINGIR^{MEŠ}[g] ^{LÚ}KÚR^{MEŠ}-ŠU[h] i-e-ir)]

68 [(nu-kán ^{m}Zi-dan-ta-an ad-da-aš-ša-an[i] ku-en-ta)]

---

§ 20[j] 69 [(^{m}Am-mu-na-aš-ša LUGAL-u-e-it na-pa DINGIR^{MEŠ}[k] at-ta-aš-ša-aš[l] ^{m}Zi-dan-ta-aš)]

70 [(e-eš-ḫar-še-it ša-an-ḫi-ir na-an ki-iš-ša-ri-iš-ši ḫal-ki-uš)][m]

71 [(^{GIŠ}GEŠTIN$^{\text{ḪI.A}}$-uš[n] GUD$^{\text{ḪI.A}}$-uš UDU$^{\text{ḪI.A}}$-uš Ú-U)L . . . .[o] (ki-iš-ša-ri)]

---

a) § 18 erg. nach C und D. b) In C II 11 fehlt d.Paragraphenstrich.

c) § 19 erg. nach B,C,D.E. d) Beginn B Vs.II.

e) B II 2 ^{m}[Pí-še-ni-i̯a-aš e-eš-ḫar-š]i-i[t]; D Vs.8' DIN]GIR$^{\text{MEŠ.ḪI.A}}$ ad-da-aš e-eš-ḫar-še-it.

f) B II 2 DUMU-aš-š[a-an; C II 13 ḫa-aš-ša-an-]tạ-an; D Vs.9' ḫa-aš-ša-an-da-an; E I beginnt hier mit -š]a-an-tạ-a[n.

g) D Vs.9' DINGIR^{MEŠ}-ni. h) So B II 3, C II 13 ^{LÚ}KÚR-ŠU.

i) Fehlt in E I 2. j) § 20 erg. nach B,C,D.E.

k) D Vs.11' DINGIR^{MEŠ}-]iš; E I 3 ^{M}]^{EŠ}-iš; C II 14 DIN]GIR^{MEŠ}-iš, dann Bruch. l) So E I 3; D Vs.11' ad-da-aš.

m) D Vs.12' -i]š; FORRER setzt nach ḫalkiuš noch . . (.)-i]š an.

n) B II 6 fehlt GIŠ.

o) Zu erg. pa-aḫ-še-ir ḫar-ki-ir-ma-aš-ši? (dann müßte das letzte Wort auf den Rand geschrieben sein).

Vs.I.

§ 18 63 Und als Ḫantili ein alt[er] Mann [geworden wa]r und dabei war, Go[tt]
64 zu werden,[1] da tötete Zidanta [Pišeni], den Sohn des Ḫantili, mit seinen Söhnen;
65 und die vornehm[sten] seiner Diener tötete er.

---

§ 19 66 Und Zidanta wa[r] König. Da forderten die Götter (Vergeltung für) das Blut[2] des [P]išeni[3].
67 Ihm machten die Götter Ammuna, den Sohn, zu seinem Feinde,
68 und er tötete Zidanta, seinen Vater.

---

§ 20 69 Und Ammuna war König. Da forderten die Götter (Vergeltung für) seines Vaters Zidanta
70 Blut.[4] Ihn (und) in seiner Hand das Getreide,
71 Weinstöcke, Rinder (und) Schafe [schützten sie[?]] nich[t. Sie verkamen (o.ä.) ihm] in der Hand.

---

1) D.h. zu sterben.
2) B und D: sein Blut.
3) D: des Vaters.
4) Wörtlich: sein Blut.

Vs.II

§ 21 1 [(KUR-e-ma-aš-ši[a] ku-u-ru-ri-)]e-it ^{URU}[Ḫ̣ạ/Ẓạ-)]ag-ga-aš $^{U[RU}$Ma$^{?}$-t(i-la-aš ^{URU}Gal-mi-i̯a-aš)]

2 ^{URU}Ạ-dạ-ni[(-i̯)a-aš[b] (KUR ^{URU}A)]r-za-u$^{!}$-i$^{!}$-i̯a[c] ^{URU}Šal-la-pa-aš ^{URU}Par-d[(u-u̯a-ta-aš ^{URU}Aḫ-ḫu-la-aš-ša)]

3 la-aḫ-ḫa-ma[d] k[(u-u̯)]a-a[(t-t)]a ERÍN^{MEŠ}-uš pa-iz-zi ne a-ap-pa[e] *Ú-UL* SIG$_5$[(-in)]

4 ú-e-eš-kán-ta[f] ma-ạ-an ^{m}Am-mu-na-aš-ša DINGIR^{LIM}-iš ki-ša-at

5 ^{m}Zu-ru-ú-uš-ša[g] GAL LÚ^{MEŠ} ME *ŠE-DI* du-ud-du-mi-li a-pí-e-da-aš-pát UD[(.KAM$^{ḪI.A}$-aš)] [h]

6 ḫa-aš-ša-an-na-aš-ša-aš DUMU-*ŠU* ^{m}Ta-ḫur-u̯a-i-li-in LÚ ^{GIŠ}ŠUKUR GUŠKIN p[(i-i-e-it)]

7 nu-za-kán ^{m}Ti-it-ti-i̯a-aš ḫa-aš-ša-tar *QA-DU* DUMU^{MEŠ}-*ŠU* ku-en-ta

---

§ 22 8 ^{m}Ta-ru-uḫ-šu-un-na ^{LÚ}KAŠ$_4$.E pi-i-e-it nu-kán ^{m}Ḫa-an-ti-li-in *QA-DU* DU[(MU^{MEŠ})[i]-*ŠU*]

9 ku-en-ta nu ^{m}Ḫu-uz-zi-i̯a-aš LUGAL-u-e-it ^{m}Te-li-pí-nu-uš-ša-az

10 ^{f}Iš[-t]a-pa-ri-i̯a-an ḫa-an-te-iz-zi-i̯a-an NIN-*ZU* ⟨DAM⟩ ḫar-ta

11 ma-a-nu-uš-kán ^{m}Ḫu-uz-zi-i̯a-aš ku-en-ta nu ut-tar iš-du-u̯a-a-ti

12 nu-uš ^{m}Te-li-pí-nu-uš ar-ḫa pár-aḫ-ta

---

a) In A II 1 ergänzt FORRER ut-ne-e-ma-aš-ši.

b) D Vs.14' KUR ^{URU}A-da-ni-i̯[a-.

c) B II 8 ^{URU}Ar-za-u̯í-i̯a.

d) B II 9 la-aḫ-ḫa-an.

e) D Vs.16' EGIR-pa.

f) B II 10 ú-i-iš-kán-ta.

g) B II 11 ^{m}Zu-ú-ru-uš-ša.

h) In D Ende der Kolumne.

i) Folgt Bruch in B.

Vs.II

§ 21 1 Das Land aber war ihm feindlich: Ḫ/Zagga, [Ma]tila, Galmiya,
2 Adaniy[a], das Land Arzawiya, Šallapa, Parduwata und Aḫḫula.
3 Wohin er aber zu den Truppen ins Feld ging (Prs.), da kamen (Prs.) sie gewöhnlich nicht gut
4 zurück. Als auch Ammuna Gott geworden war,
5 schickte Zuru, der Führer der Leibgarde, heimlich in eben jenen Tagen
6 (einen) aus seiner Familie, seinen Sohn Taḫurwaili, den "Mann des Goldspeeres",
7 und er tötete die Familie des Titti samt seinen Söhnen.

---

§ 22 8 Auch schickte er Taruḫšu, den Läufer; er tötete Ḫantili samt [seinen] Söhnen.
9 Nun war Ḫuzziya König. Und Telipinu
10 hatte Ištapariya, seine erste Schwester <zur Frau>.
11 Ḫuzziya hätte sie (beide) getötet, da wurde die Sache offenbar,
12 und Telipinu verjagte sie.

Vs.II

§ 23 13 5 Š[E]Š^{MEŠ}-<u>ŠU</u> nu-uš-ma-aš É^{MEŠ} tág-ga-aš-ta pa-a-an-du-u̯a-az a-ša-an-du

14 nu-u̯a-[z]a az-zi-ik-kán-du ak-ku-us-kán-du i-da-a-lu-ma-aš-ma-aš-kán li-e ku[-iš-ki]

15 tág-gạ-aš-ši nu tar-ši-ki-mi a-pí-e-u̯a-mu i-da-lu i-e-ir ú-ga-u̯a-ru-uš ḪUL-lu <u>Ú-UL</u> i-i̯a-mi

---

§ 24 16 ma-a-ạn-ša-an ^{m}Te-li-pí-nu-uš <u>I-NA</u> ^{GIŠ}GU.ZA <u>A-BI-I̯A</u> e-eš-ḫa-at

17 nu ^{URU}Ḫa-aš-šu-u̯a la-aḫ-ḫa pa-a-un nu ^{URU}Ḫa-aš-šu-u̯a-an ḫar-ni-in-ku-un

18 ERÍN^{MEŠ}-za-mi-iš-ša ^{URU}Zi-iz-zi-li-ip-pí e-eš-ta

19 nu ^{URU}Zi-iz-zi-li-ip-pí ḫu-ul-la-an-zạ-iš ki-ša-at

---

§ 25 20 mạ-a-na-pa LUGAL-uš ^{URU}La-u̯a-az-za-an-ti-i̯a ú-u̯a-nu-un ^{m}La-aḫ-ḫa-aš[-mu? ku-u-ru-ur?]

21 ẹ-eš-ta nu ^{URU}La-u̯a-za-an-ti-i̯a-an u̯a-ag-ga-ri-i̯a-at na-an [DINGIR^{MEŠ}]

22 ki-iš-ša-ri-mi da-a-ir ḫạ-an-te-iz-zi-i̯a-aš-ša UGULA LÚ^{MEŠ} <u>LI-IM</u> ^{mD}[U-]

23 ^{m}Kar-ru-u̯a-aš UGULA $^{\text{LÚ.MEŠ}}$SÀTAM ^{m}I-na-ra-aš UGULA LÚ.MEŠ SÌLA.ŠU.DU$_8$ ^{m}Ki-il-l[a-aš UGULA LÚ.MEŠ X]

24 ^{mD}U-mi-im-ma-aš UGULA LÚ^{MEŠ} ^{GIŠ}PA ^{m}Zi-in-u̯a-še-li-iš <u>Ù</u> ^{m}Li-el-li[-iš]

25 me-ig-ga-e-eš nu ^{m}Ta-nu-u-i LÚ ^{GIŠ}PA du-ud-du-mi-li pi-i-ẹ-i[r]

Vs.II

§ 23 13 Seine fünf Br[üd]er, ihnen teilte er Häuser zu:
"Sie sollen gehen (und dort) wohnen,
14 und sie sollen essen (und) trinken. Böses aber soll ihnen niem[and]
15 zufügen." Und ich sage: "Jene haben mir Böses getan, ich aber will ihnen [nicht] Böses [tun]."

---

§ 24 16 Als ich, Telipinu, mich auf den Thron meines Vaters gesetzt hatte,
17 zog ich nach Ḫaššuwa ins Feld und vernichtete Ḫassuwa.
18 Mein Heer war auch in Zizzilippa,
19 und in Zizzilippa entstand ein Kampf.

---

§ 25 20 Als ich, der König, nach Lawazzantiya kam, war Laḫḫa [mir feindlich?].[1]
21 Und er wiegelte Lawazzantiya auf. Die Götter
22 gaben ihn in meine Hand. Und (Leute) von den Ersten (des Reiches), (nämlich) der Aufseher über tausend Mann, [Tarḫu-X],
23 Karruwa, der Aufseher der Kämmerer, Inara, der Aufseher der Mundschenken, Killa [der Aufseher der X],
24 Tarḫumimma, der Aufseher der "Stabträger", Zinwašeli und Lelli,
25 - viele (waren es) - , die schickten heimlich zu Tanuwa, dem "Stabträger".

---

1) Vgl. dazu O. CARRUBA, Fs Güterbock 75, Anm.6; 79, Anm.21. CARRUBA ist der Ansicht, daß Laḫḫa in Lawazzantiya Gouverneur (o.ä.) war; "feindlich werden" werde mit kururii̯a- ausdrückt, nicht mit ^{LÚ}KÚR, wie STURTEVANT vorschlägt. Vgl. aber z.B. Madd Vs.29: kurur eštu "er soll feindlich sein".

Vs.II

§ 26 26 [LUGA]L-uš Ú-UL š[a-qa-a]ḫ-[ḫu-]u-u̯n! [nu-kán] ^{m}[Ḫu-]u[z-zi-]i̯[a-a]n Ù ŠEŠ^{MEŠ}-ŠU an-d[a ku-en-ta]

27 [m]a-a-an LUGẠL-ụš iš-ta-ma-aš-šu-un nu ^{m}Ta-nu-u̯a-an ^{m}Ta-ḫur-u̯a-i-li-in ^{m}Ta-ru-uḫ-š[u-un-na]

28 ụ́-u̯a-te-ir nu-uš pa-an-ku-uš pa-ra-a ḫi-in-ga-ni ḫar-ta LUGAL-uš-ša[a)] me-ma-aḫ-ḫu-un

29 [ku-u̯a-a]t-u̯a-ri ak-kán-zi nu-u̯a-ru-uš IGI$^{ḪI.A}$-u̯a mu-un-na-an-zi nu-uš LUGAL-uš kar-š[a-uš][b)]

30 [$^{LÚ.M}$]^{EŠ}APIN.LAL i-i̯a-nu-un ^{GIŠ}TUKUL$^{ḪI.A}$-uš-šu-uš-ta[c)] ZAG.UDU-za[d)] da-aḫ-ḫu-un nu-uš-ma-aš maš-du[-uš?] pí-iḫ-ḫu-un

---

§ 27 31 nu šal-la-aš-pát ḫa-aš-ša-an-na-aš e-eš-ḫar pa-an-ga-ri-i̯a-ạt-ta-ti nu ^{f}Iš-ta-p[a-]ri-i̯[a-]aš

32 SAL.LUGAL BA.ÚŠ EGIR-pa-ma ú-it ^{m}Am-mu-na-aš DUMU.LUGAL BA.ÚŠ nu ši-ú-na-an an-tu-uḫ-ši-iš-ša

33 tar-ši-i̯k-kán-zi ka-a-ša-u̯a ^{URU}Ḫa-at-tu-ši e-eš-ḫar pa-an-ga-ri-i̯a-at-ta-ti[e)]

34 nu ^{m}Te-li-pí-nu-uš ^{URU}Ḫa-at-tu-ši tu-li-i̯a-an ḫal-zi-iḫ-ḫu-un ki-it pa-da-la-az[f)] ^{URU}Ḫa-at-tu-ši

35 ḫa-aš-ša-an-na-aš[g)] DUMU-an i-da-lu li-e ku-iš-ki i-i̯a-zi[h)] nu-uš-ši-ša-an[i)] GÍR-an ták-ki-eš-zi

---

a) Hier beginnt G Vs.II. b) Erg. nach KBo XII 8 IV 30'.

c) G II 3' ^{GIS}TUKUL-šu-uš-ta. d) G II 3' pa!-a[l-ta-na-az.

e) Hier beginnt I: -a]n-gạ-rị-i̯[a-.

f) G II 9' ki-it pa-an-ta-lạ-a[z.

g) I 3' ḫa!-aš-š[a-, dann Bruch. h) G II 1o' -a]z-zi.

i) G II 10' nu-uš-ši-iš-ša-an.

Vs.II

§ 26 26 Ich, der [Köni]g, w[ußt]e (es) nicht. [Und er tötete[1] Ḫuzziy]a, und seine Brüder da[zu?].

27 [A]ls ich, der König, (es) hörte, brachten sie Tanuwa, Taḫurwaili [und] Taruḫš[u]

28 herbei. Der panku bestimmte sie zum Tode. Aber ich, der König, sagte:

29 "[War]um (ist es nötig, daß) sie sterben? Man wird (vor) ihnen die Augen verhüllen[2]." Ich, der König, machte sie zu rich[tigen]

30 Baue[rn]. Ihre Waffen nahm ich von der Schulter und gab ihnen Fesse[ln?].[3]

---

§ 27 31 Nun nahm das Blut der Königssippe überhand; Ištapariya,

32 die Königin, starb. Danach aber kam es dazu, daß Ammuna, der Königssohn, starb. Und die "Gottesmänner"

33 sprachen (immer wieder) (Prs.): "Siehe, in Ḫattuša ist Blut(tat) zahlreich geworden."

34 Da rief ich, Telipinu, in Ḫattuša die Ratsversammlung. Von jetzt an soll in Ḫattuša

35 einem Sohn der (Königs)sippe niemand Böses tun und gegen ihn einen Dolch zücken.

---

1) Wohl nur so zu ergänzen; s. KBo XII 8 IV 26ff.

2) D.h. sie mit Nichtachtung strafen, ignorieren; s. dazu S.120ff.

3) FORRERs Lesung ^{GIŠ}ŠUDUN ist unmöglich nach den Zeichen, die dastehen, CARRUBA, Fs Güterbock 70, Anm.19; 75, Anm.8 liest: nu-smas QADU ... piḫḫun" und [ich] gab ihnen die Hand(?)". Zu mašta-/bašta- "strip, filament" s. jetzt S. KOŠAK, THeth 10.56 und 227f. Über eine Bedeutung wie "Band" o.ä. kann man wohl "Fessel" annehmen.

Vs.II

§ 28 36 LUGAL-uš-ša-an ḫa-an-te-iz-zi-i̯a-aš-pát DUMU.LUGAL DUMU^{RU} [a]
ki-ik-k[(i-iš-)] ta-ru ták-ku DUMU$^{!}$.LU[GAL]

37 ḫa-an-te-iz-zi-iš [b] NU.GÁL nu kụ-iš ta-a-an [c] pí-e-dạ-aš [d]
[(DU)]MU^{RU} nu LUGAL-uš a-pa-a-aš

38 ki-ša-ru ma-a-an DUMU.LUGAL-ma IBILA NU.GÁL nu ku-iš
DUMU.SAL ḫa-an-te-iz-zi-iš

39 nu-uš-ši-iš-ša-an ^{LÚ}an-ti-i̯a-an-ta-an ap-pa-a-an-du nu
LUGAL-uš a-pa-a-aš ki-š[(a-ru)] [e]

---

§ 29 40 UR-RA-AM ŠE-RA-AM ku-iš am-mu-uk [f] EGIR-an-da [g] LUGAL-uš
ki-ša-ri na-pa ŠEŠ^{MEŠ}-ŠU

41 DUMU^{MEŠ}-ŠU $^{\text{LÚ.MEŠ}}$ga-e-na-aš-ši-iš [h] ḫa-aš-ša-an-na-aš-
ša-aš [i] Ù ERÍN^{MEŠ}-ŠU

42 ta-ru-u[p-]pa-an-te-eš a-ša-an-du nu-za ú-u̯a-ši [j] ^{LÚ}KÚR-
an ut-ni-e ku-ut-ta-ni-i[t]

43 tar-aḫ-ḫa-an ḫar-ši ki-iš-ša-an-na [k] li-e te-e-ši ar-ḫa-
u̯a pár-ku-nu-um-mi

44 pár-ku-nu-ši-ma-za Ú-UL ku-it⟨-ki⟩ nu-za an-da im-ma ḫa-
at-ki-iš-nu-ši

45 ḫa-aš-ša-an-na-ša-an-za-kán li-e ku-in-ki ku-en-ti Ú-UL
SIG$_5$-in

---

a) G II 11' DUMU^{MEŠ}.NITA.
b) G II 12' -z]i-i̯a-aš.
c) G II 12' da-a-an.
d) G II 12' pí-e-da-ạn.
e) G II 15' ki-i-ša-ru.
f) G II 16' am-]mẹ-ẹ-ẹl.
g) G II 16' EGIR-an.
h) G II 17' -]na-aš-še-eš.
i) G II 17' LÚ^{MEŠ} ḫa-aš-ša-an-na-šạ-aš.
j) G II 18' ú-u̯a-a-ši.
k) Bruch in G II 19'.

Vs.II

§ 28 36 König werden soll nur ein Sohn, der ein Königssohn ersten Ranges ist. Wenn ein

37 erstrangiger Kö[nigs]sohn nicht vorhanden ist, soll jener König werden, der ein [So]hn zweiten Ranges ist.

38 Falls aber ein Königssohn, ein Erbsohn, nicht vorhanden ist, welche Tochter ersten Ranges (ist),

39 für die sollen sie einen Schwiegersohn nehmen, und jener soll König werd[en].

---

§ 29 40 In alle Zukunft, wer nach mir König wird, (unter dessen Herrschaft) sollen seine Brüder,

41 seine Söhne, seine angeheirateten Verwandten, die Männer seiner Sippe und seine Truppen

42 vereinigt sein. Dann kommt es dazu, daß du das Land des Feindes mit (starkem) Arm

43 besiegt hältst. Und sprich nicht folgendermaßen: "Ich werde (es) bereinigen."

44 Du wirst aber nichts bereinigen. Du bedrängst erst recht.

45 Töte nicht irgendeinen seiner (!)[1] Sippenangehörigen (Das) ist nicht gut.

---

1) Das müßte natürlich "deiner" heißen. Es sieht sehr danach aus, als ob ḫaššannaš-šaš hier als erstarrter Ausdruck übernommen und daher nicht mehr der jeweiligen Person angeglichen wurde.

Vs.II

§ 30 46 nam-ma ku-i-ša LUGAL-uš ki-ša-ri nu ŠES-aš NIN-aš i-da-
-lu ša-an-aḫ-zi

47 šu-me-eš-ša pa-an-ku-uš-ši ⟨-iš⟩ nu-uš-ši kar-ši te-it-
te-en ki-i-ṷa e-eš-⟨ḫa⟩-na-aš ut-tar

48 tup-pí-az a-ú ka-ru-ú-ṷa e-eš-ḫar ^{URU}Ḫa-at-tu-ši ma-ak-
ki-eš-ta

49 nu-ṷa-ra-ta-pa DINGIR^{MEŠ}-iš šal-la-i ḫa-aš-ša-an-na-i
da-a-ir

---

§ 31 50 ku-iš ŠEŠ^{MEŠ}-na NIN^{MEŠ}-na iš-tar-na i-da-a-lu i-i̯a-zi nu
LUGAL-ṷa-aš

51 ḫar-aš-ša-na-ạ[a)] su-ṷa-a-i-e-iz-zi nu tu-li-i̯a-an ḫal-
zi-iš-tin ma-a-na-pa ut-tar-š[e-i]t pa-iz-zi

52 nu SAG.DU-na-az šar-ni-ik-du du-ud-du-mi-li-ma ^{m}Zu-
ru-ṷa-aš

53 ^{m}Da-a-nu-ṷa-aš ^{m}Ta-ḫur-ṷa-i-li-i̯a-aš ^{m}Ta-ru-uḫ-šu-uš-ša
i-ṷa-ar li-ẹ [k]u-na-an-zi

54 É-ri-iš-ši-iš-ši A-NA DAM-ŠU DUMU^{MEŠ}-ŠU i-da-a-lu li-e
ták-ki-iš-ša-an-zi

55 ták-ku DUMU.LUGAL-ma ṷa-aš-ta-i[b)] nu SAG.DU-az-pát šar-
ni-ik-du A-NA É-ŠU-ma-aš-ši-iš-ša-an

56 Ù A-NA DUMU^{MEŠ}-ŠU i-da-a-lu li-e ták-ki-iš-ša-an-zi
DUMU^{MEŠ}.LUGAL-ma ku-e-da-ni

57 [(še-i)]r ḫar-ki-iš-kán-ta-ri Ú-UL A-NA É^{MEŠ}-ŠU-NU A.ŠÀ$^{\text{ḪI.A}}$-
ŠU-NU ^{GIŠ}SAR.GEŠTIN$^{\text{ḪI.A}}$-ŠU-NU[c)]

58 [AR-]DI$^{\text{ḪI.A}}$-ŠU-NU[d)] SAG.GÉME.ÌR^{MEŠ}-ŠU-NU GUD$^{\text{ḪI.A}}$-ŠU-NU
UDU$^{\text{ḪI.A}}$-ŠU-NU

---

a) FORRER liest ḫar-aš-ša-na-zạ. b) Beginn E Vs.II.
c) E II 4' ^{GIŠ}SAR ^{GIŠ}GEŠTIN$^{\text{ḪI.A}}$-ŠU-NU. d) E II 4' ÌR^{MEŠ}-ŠU-NU.

Vs.II

§ 30 46 Ferner, wer auch König wird und Böses gegen Bruder (oder) Schwester plant,

47 - ihr aber (seid) sein[1] panku - , sagt ihm ordnungsgemäß: "Sieh diese Sache des Blutes

48 aus der Tafel. Früher war Blut(tat) in Ḫattuša häufig geworden,

49 und die Götter haben sie (die Bluttat) auf die Königssippe[2] gelegt."

---

§ 31 50 Wer inmitten der Brüder als auch der Schwestern Böses tut und (=oder)

51 gegen des Königs Kopf ins Werk setzt, (für den) ruft die Versammlung. Sobald i[h]r Wort (er)geht,

52 soll er mit dem Kopf büßen. Heimlich aber wie Zuru,

53 Danuwa, Taḫurwaili und Taruḫšu sollen sie nicht [t]öten.

54 Gegen sein Haus, seine Frau (und) seine Kinder sollen sie ihm nicht Böses unternehmen.

55 Wenn aber ein Königssohn sündigt, soll er nur mit dem Kopf büßen. Gegen sein Haus aber

56 und seine Kinder sollen sie ihm nicht Böses unternehmen. Weswegen Königssöhne aber in der Regel

57 umkommen, (das betrifft) nicht ihre Häuser, ihre Felder, ihre Weingärten,

58 ihre Diener, ihr Gesinde, ihre Rinder (und) ihre Schafe.

---

1) Nach einem Vorschlag von G. BECKMAN, JAOS 102.437 mit Anm.40.

2) Bei šallai haššannai handelt es sich nach E. NEU in: Hethitisch und Indogermanisch, S.188 um eine sporadische Reimbildung.

Vs.II

§ 32 59 ki-n[(u-na m)]a-a-an DUMU.LUGAL ku-iš-ki u̯a-aš-ta-i nu SAG.DU-az-pát šar-ni-ịk-[d]u

60 É[(-ZU-ma-aš-)]ši̤ DUMU-ŠU-i̯a i-da-a-lu[a] li-e tág-ga-aš-te-ni pí-i̯a-ni-ma ŠA DUMU^{MEŠ}.LUGAL[b]

61 [(iz-za-an GIŠ-ru)] Ú-UL a-a-ra ki-i-ma i-da-a-la-u-u̯a ud-da-a-ar[c] ku-i-e-eš e-eš[(-š)]a-an-zi

62 [LÚ^{MEŠ} GAL^{TIM} [d] LÚ]^{MEŠ}A-BU BI-TUM GAL DUMU^{MEŠ}.É.GAL GAL ME ŠE-DI[e] GAL.GEŠTIN-i̯a

63 [ku-i-eš-za$^{?}$ (É^{MEŠ} DUMU.L)]UGAL[f] da-an-na i-[[da]]-la-li-i̯a-an-zi nu ki-iš-ša-an [da-]ra-an-zi

64 [(a-ši-ma-an-u̯a URU-aš a)]m-me-el ki-ša-ri nu-uš-ša-an A-NA EN URU^{LIM} i-da-a-lu[g]

65 [(ták-ki-iš-ki-iz-)z]i

---

§ 33 66 [(ki-nu-na[h] ki-iz-za UD-az ^{U})]^{RU}Ḫa-at-tu-ši DUMU^{MEŠ}.É.GAL LÚ^{MEŠ} ME ŠE-DI $^{\text{LỤ.MEŠ}}$IŠ GUŠKIN

67 [($^{\text{LÚ.MEŠ}}$SÌLA.ŠU.DU$_{8}$.A LÚ^{MEŠ} GIŠ$_{\text{B}}$)ANŠU]R $^{\text{LÚ.MEŠ}}$MUḪALDIM LÚ^{MEŠ} GIŠ$_{\text{PA}}$ $^{\text{LÚ.MEŠ}}$ša-la-aš-ḫi-i̯a-aš [i]

68 [($^{\text{LÚ.MEŠ}}$UGULA LI-IM ṢE-RI ki-i)] ut-tar šu-ma-a-aš [j] EGIR-an še-ik-tin ^{m}Ta-nu-u̯a-aš-ma

69 [(^{m}Ta-ḫur-u̯a-i-li-iš[k] ^{m}Ta-ru-uḫ-)]šu-uš-ša[l] I-NA PA-NI-KU-NU GISKIM-iš e-eš-dụ

70 [m(a-a-an nam-ma i-da-lu ku-)]iš-ki i-i̯a-zi na-aš-šu ^{LÚ}A-BU BI-DU[m]

---

a) E II 6' ḪUL-lu. b) E II 7' DUMU.LUGAL. c) E II 8' ut-tar.
d) Erg. nach Rs.III 1. e) E II 9' GAL LÚ^{MEŠ} ME ŠE-TI.
f) E II 10' É^{MEŠ}LUGAL. g) E II 12' i-da-lu.
h) Hier beginnt F. i) F 4' $^{\text{LÚ.MEŠ}}$ša-la-aš-ḫi-e-eš.
j) E II 16' šu-me-eš; F 5' šu-ma-aš. k) hier beginnt G.
l) E II 17' ^{m}Ta-ru-uḫ-šu-ṣ̌a. m) F 9' BI-TUM.

Vs.II

§ 32 59 Und jetzt, wenn irgendein Königssohn sündigt, soll er nur mit dem Kopf büße[n].

60 Gegen sein Haus aber und seinen Sohn unternehmt ihm nichts Böses. Weiterzugeben[1] aber (nur) eine

61 Kleinigkeit[2] (vom Besitz) der Königssöhne[3] ist nicht recht. Diese aber, die böse Sachen machen,

62 [die Großen, nämlich] die "Väter des Hauses", der Oberste der Palastjunker, der Oberste der Leibgarde und der "Oberste des Weines",

63 [die] die Häuser des König[ssohnes] zu nehmen begehren, sie [sa]ge[n] folgendes:

64 "Auf daß diese Stadt mein werde![4]", und (der Betreffende) fügt dem Herrn der Stadt Böses

65 zu.

---

§ 33 66 Und jetzt, von diesem Tage an in Ḫattuša, ihr Palastjunker, Leibgardisten, Goldknappen,

67 Mundschenken, "Tischleute", Köche, "Stabträger", Kutscher?[5],

68 Anführer der "Tausend des Feldes", ihr sollt diese Sache hinterher wissen. Tanuwa aber,

69 Taḫurwaili und Taruḫšu sollen vor euch ein Zeichen sein.

70 Wenn wieder jemand Böses tut, entweder ein "Vater des Hauses"

---

1) Verschrieben für pi̯atar (nur als SUM-tar belegt)?

2) Zu izzan taru s. E. von SCHULER, Or 52 (1983) 161-163.

3) E: des Königssohnes.

4) Zur Optativpartikel (-)man s. H.A. HOFFNER, Gs Kronasser 38ff.

5) Oder "Stallbursche"? s. J. TISCHLER, Heth.-dt.Wörterverzeichnis 68; S. KOŠAK, THeth 10.235 "coachman".

Vs.II

§ 33 71 [(na-aš-ma GAL DUMU^{MEŠ}.) É(.GAL) GAL.G]EŠTIN GAL ME ŠE-DI[a]
GAL $^{\text{LÚ.MEŠ}}$UGULA LI-IM ṢE-RI[b]

72 [(ma-a-na-aš EGIR-iz)-z(i-iš ḫa-an-te-i)]z-zi⟨-iš⟩[c] šu-
ma-aš-ša[d] pa-an-ku-uš an-da [(e-)i(p!-tin)][e]

73 [(nu-uš-ma-ša-an ^{UZU}KA×UD-it)]ka-ri!-ip-tin

Rs.III

§ 34[f] 1 [(^{URU}Ḫa-at-tu-ši-ma L)]Ú^{MEŠ} GAL^{TIM} $^{\text{LÚ.MEŠ}}$A-BU Ẹ́^{DỤ}[g]
GẠL DUMU^{MEŠ}.É.GAL[h] GAL.GEŠTIN[i]

2 [(GAL LÚ^{M}(^{EŠ} ME!)ŠE-DI (GAL)] $^{\text{LÚ.MEŠ}}$IŠ UGULA $^{\text{LỤ́.MEŠ}}$NIM-
GIR ERÍN^{ME}[^{Š} LUGAL-aš? p]ár-ni ku-e-eš[j]
šal-la-ẹ-[eš ?]

3 [nam-ma? pár-r]a?-an-da ap-pí-iz-zi⟨-eš⟩šu-uš[k]
[(da-aš-k)]án-du

---

§ 35 4 [nam-ma? ^{URU}Ḫa-at-]tu-ši-ma ú-e-da-an-te-es URU$^{\text{DIDLI.ḪI.A}}$
pạ-ạḫ-ḫa-aš-nu-ụa-an-te-eṣ

5 [a-ša-an-dụ? nu-]uš li-e tar-na-at-ti ú-e-da-an-te-eš
URU$^{\text{DIDLI.ḪỊ.Ạ}}$

6 [. . . . ụ]a-a-tar ḫal-ki-ịa-ma-at 10-iš 20-iš na-ẹš-ḫụ-u[t]

---

a) F 10' GAL LÚ^{MEŠ} ME ŠE-DI.

b) Hier beginnt H; F 10' $^{\text{LÚ.MEŠ}}$UGULA LI-I[M]GAL UGULA L[I-IM?];
G 4' $^{\text{L]Ú.MEŠ}}$UGULA LI-IM.

c) F 11' ḫa-an-te-iz-zi-iš; H 2' -i]š.

d) F 11' šu-ma-a-š[a; H 2' šụ-um-me-eš-šạ; G III 5' š]u-ma-a-ša.

e) Ergänzung e[-ir-]tin bei H. OTTEN, AfO 18.444.

f) Textherstellung der Paragraphen 34 bis 36 nach Text G III 7'ff.

g) H 4' Ạ-BU É^{TIM}; F 13' GAL^{TIM}[$^{\text{.ḪI.]A}}$ A-BI É[.

h) H 4' GAL ^{LÚ}[.

i) F 14' [GA]L LÚ^{MEŠ} GEŠT[IN].

j) H 5' ku-i-e-eš.

k) F 17' š]u-uš-za.

<u>Vs.II</u>

§ 33 71 oder der Oberste der Pala[st]junker, [der "Oberste des W]eines", der Oberste der Leibgarde[1], der Oberste der Anführer von "Tausend des Feldes",

72 - ob ein Geringer (oder) ein Vornehmer - , so p[a]ckt auch ihr, der <u>panku</u>, zu

73 und verzehrt ihn euch mit den Zähnen.

<u>Rs.III</u>

§ 34 1 In Ḫattuša aber (soll man) die Croßen, (nämlich) die "Väter des Hauses", den Obersten der Palastjunker, den "Obersten des Weines",

2 [den Obersten der] Leib[gardisten], den Obersten der Wagenlenker, den Aufseher der Truppe[n]vögte, welche Gro[ße] in [des Königs? H]aus (sind),

3 [ferner? dar]über hinaus? die Letzte[n], sie soll man '(an)nehmen'[2].

---

§ 35 4 [Ferner?] aber [in Ḫat]tuša [sollen] die gebauten Städte geschützt sein

5 [Und] du sollst sie nicht verlassen. Die gebauten Städte

6 [. . . . das W]asser. Für das Getreide aber sollst du es zehnmal, zwanzigmal (herbei)leit[en].

---

1) F: der Oberste der Leibgardisten.

2) D.h. respektieren.

Rs.III

§ 36 7 [. . . .]x ^{m}T[e]-li-pí-nu-u[š-m]a LUGAL.GAL I-N[A

8 [. . . . .-]ti ši$^{?}$[-. .] x x[[a]

---

§ 36a[b] 9 nichts erhalten

10 nichts erhalten

11 [ ]ḫa-x[[c]

12 [$^{U]RU}$Ḫ[a-

13 nichts erhalten

14 nichts erhalten

15 [ ]x-ti[

16 [ ]x nu-u[š

---

§ 37[d] 17 [. . . . . . . UR]U$^{DIDLI.ḪI.A}$ ŠA É^{MEŠ} ^{NA_4}KIŠỊB [. . . . .]

18 [. . . . ^{URU}Ta-ga-a]l$^{?}$-mu-ḫa-aš ^{URU}Ḫar-ki-i̯a-aš ^{URU}U̯[a-. . . . .]

19 [. . . . .] ^{URU}Zi-el-mu-ut-ta-aš ^{URU}Ta-ap-pa-aš-pa-aš $^{UR[U}$. . . . (.)]

20[e] [. . . . . . . ^{URU}Š]u-uk-zi-i̯a-aš ^{URU}A-šu-ur-na-aš ^{URU}A-an-za-ra[-aš ^{URU}. . (.)-]ša-aš

21 [. . . . .]^{URU}Ša-mu-ḫa-aš ^{URU}Mạ-ri-iš-tạ-aš ^{URU}Ku-x[- . . . . . .]

22 [. . . . . . . $^{UR]U}$Ḫụ-ur-mạ-aš ^{URU}U̯a-ar-ga[-aš-]ša-aš $^{UR[U}$. . . . . .]

---

a) Bruch in G.

b) FORRER errechnete in A 16 verlorene Zeilen bis zum 1.erkennbaren Paragraphenstrich und teilte diese in 3 Paragraphen auf. Nach Text G ergeben sich jedoch mehr als 3 Paragraphen.

c) Hier beginnt A III.

d) In der Edition ist hier der Abstand zum linken Rand viel zu groß angegeben, wodurch am rechten Rand der Platz fehlt, um die abgebrochenen Ortsnamen einzufügen; richtig bei FORRER.

e) Diese Zeile wird in der Edition bereits als Zeile 21 geführt; unser Text folgt FORRERs Zählung.

Rs.III

§ 36 7 [ ]x [T]elipinu [ab]er, der Großkönig i[n

8 [ ]x x[

---

§ 36a 9 [ ]

10 [ ]

11 [ ]x[ ]

12 [ ]Ḫ[attuša?]

13 [ ]

14 [ ]

15 [ ]x[ ]

16 [ ]und si[e]

---

§ 37 17 [. . . . Stä]dte der "Siegelhäuser"[. . . . .]

18 [. . . .Taga]l?muḫa, Ḫarkiya, W[a- . . . .],

19 [. . . . . .]Zelmutta, Tappašpa,[. . . . .],

20 [. . . . . Š]ukziya, Ašurna, Anzar[a,. . . -š]a,

21 [. . . . . .]Šamuḫa, Marišta, Ku[- . . . .],

22 [. . . . . Ḫ]urm[a], Warga[š]ša,[. . . . . .],

Rs.III

§ 37 23 [. . . . .-n]a-aš-ša-aš-š[a-aš] ^{URU}Ša-li-it-ta-aš
$^{UR[U}$. . . . .]

24 [. . . . . . $^{UR]U}$Ša-am-lu-uš-na-a[š $^{U]RU}$Gul-pi-na-aš
^{URU}Ša[r-. . . . (.)]

25 [. . . . . .-]mạ?-aš ^{URU}Pí-i-ša-aš ^{URU}Pa-u̯a-az-zi-i̯a-aš
$^{UR[U}$. . . . .]

26 [. . . . .]x-ri-i̯a-aš ^{URU}Ši-i-en-za-na-aš ^{URU}U̯a-aš-ti-iš-
š[a-aš ^{URU}. (.)-]nu-an-da-aš

27 [. . . . .-i]š-ša-aš ^{URU}Ku-u̯a-ša-ri-i̯a-aš ^{URU}Ú-i-in-t[a-
. . . . . (.)]x-ḫạ?-aš

28[a] $^{UR[U}$. -]x-a?-x-aš ^{URU}Ik-ku-u̯a-ni-i̯a-aš ^{URU}Ḫu-ur-ni-i̯a-aš
$^{UR[U}$. . . . . .]

29 ^{URU}Ḫa-da-u̯a-x-aš ^{URU}Ḫu-ru-ut-ta-aš ^{URU}Te-ru-um-na-aš
^{URU}Na[-. . . . . . .-]aš[b]

30 ^{URU}U-la-aš-š[a-aš] ^{URU}Pár-mi-ni-i̯a-aš ^{URU}Pár-šu-ḫa-an-da-aš
ḪUR.SAG-aš [. . . . . .]

31 ^{URU}U̯a-li-m[u?-]da-aš ^{URU}I-i̯a-am-ma-aš ^{URU}U̯a-šu-u̯a-at-ta-
aš ^{URU}[. . . . . . .]

32 ^{URU}Šu-up-lạ-an-da-aš[c] ^{ÍD}Ḫu-la-i̯a-aš-ša ŠU.NIGIN 1 ŠU!-ŠI
[. . . . .]

33 [UR]U$^{Ḫ[I.]A}$ Ẹ́ ^{NA_4}KISIB

---

a) Hier läßt sich das Bruchstück KBo XII 12 einfügen; da es wie KBo XII 5 und 7 aus dem Grabungsschutt des Hauses am Hang stammt, ist die Zugehörigkeit zu A durchaus möglich.

b) Nur bei FORRER.

c) FORRER -i̯]a-an-da-aš.

Rs.III

§ 37 23 [. . . . .-n]aššašš[a], Šalitta, [. . . . . . .],

24 [. . . .] Šamlusna, Gulpina, Ša[r-. . . . .],

25 [. . . . . . .-]ma$^{?}$, Piša, Pawazziya,[. . . . . . .],

26 [. . . . . . -]riya, Šenzana, Waštišš[a, X-]nuanda,

27 [. . . . . . -i]šša, Kuwašariya, Wint[a-X, X-]x-ḫa,

28 X-a-x-a, Ikkuwaniya, Ḫurniya, [. . . . .],

29 Ḫadawa-x-a, Ḫurutta, Terumna, Na[-. . . . .],

30 Ulašš[a],Parmini̯a, Paršuḫanda, das Gebirge,[. . .],

31 Walimu$^{?}$da, Iyamma, Wašuwatta,[. . . . .],

32 Šuplanda und das Ḫulaya-Flußland. Gesamtsumme: 60[+ x$^{?}$]

33 [Städte] mit "Siegelhäusern".

Rs.III

§ 38 34 [. . .-l]a?-aš ^{UR}[^{U} . . . .
. .-]ḫa-aš-ša̱[-aš]

35 [. . . . .
. .-]an-ta-š[a?-aš]

36 [. . . . .
. .-]x-ni̱-i̯a-aš

37 [^{UR}(^{U}Ku-u̯a-an-na-a)š[a)] . . . .
. .]

38 ^{URU}La-a[(ḫ-ḫu-ra-ma-aš[b)] ^{URU}Ḫa-x) . . . .
(^{URU}Ḫa-ra-ḫa-)]ra-aš

39 ^{URU}Ma-al-li[(-t)a-aš-ku-ri-i̯a-aš . . . . (^{URU}Ḫar-šu-u̯a-aš
^{URU}T)]i-pa-la-as[c)]

40 ^{URU}Ku-ur-ša-x[. . . . . (^{URU}Šu-u̯a-an-zu-u̯a-an-
na-aš ^{URU}T)]a-am-lu-ta-aš

41 ^{URU}Pí-ku-mi-i̯[a-aš (^{URU}Dam-ma-aš-ḫu-na-aš ^{URU}Ši-ḫar-na-aš
^{URU}Ḫa-li-ip-pa-aš-šu-)] u̯a-aš

42 ^{URU}Ka-la-šu̱?-me̱?-i̯a-aš [d)] ^{URU}(Ḫu-u-la-an-t)a-aš (ŠU.NIGIN[e)]
34 URU$^{DIDLI.ḪI.A}$) É̱ ^{NA}$_{4}$KIŠIB[f)] i-mi-u-l[a-aš]

---

a) Hier beginnt B III.

b) Ab hier C II: 1' ^{URU}La̱-a̱ḫ̱-ḫu-ra̱-ma̱-aš;
B III 2' ^{URU}La-ḫu-u-ra-ma-aš.

c) B III 3' ^{URU}Ti-pa-a-la-aš.

d) C III 6' [^{UR}]^{U}Ka̱-la̱-šum-mi-i̯a-aš.

e) C III 7' ⟨x⟩ ŠU.NIGIN.

f) C III 7' ŠA É̱ .

Rs.III

§ 38 34 [. . .-l]a,[. . . . .-]ḫašša,

35 [. . . . . -]antaša?,

36 [. . . . . -]niya,

37 Kuwanna, [. . . . .],

38 Laḫḫurama, Ḫa[- . . . . ,]Ḫaraḫara,

39 Mallit[aškuriya, ... ,]Ḫaršuwa,
Tipala,

40 Kurša[- . . . .,]Šuwanzuwanna,
Tamluta,

41 Pikumi[ya], Dammašḫuna, Šiḫarna, Ḫalippaššuwa,

42 Kalašummiya, Ḫulanta. Gesamtsumme: 34 Städte mit
"Siegelhäusern" für (Futter)misch[ung].

Rs.III

§ 39 43 nu-kán[a] ḫạl-kị-uš[b] EGIR-an ma-a[(k-nu-nu-uṇ) . . . . .]x $^{LÚ.MEŠ}$APIN.LAL

44 Ạ.ŠẠ̀ Ạ.GÀR$^{ḪI.A}$ a-pí-e-pát kạ?-ạ?[-ša? . . . . š]i-e-eš-ša-an-du[c]

45 a-pí-ẹ-pát ụt-ni-i̯a-an-za[d] ṷa-a[r- . . . . li-e?] mar-ša-tar[e] e-eš-ša-an-zi

46 nu-uš-ša-an i-la-aš-ni pa-ra-a n[(a-aš-šu 1 gi-pí-eš-ša)]r nạ-aš-ma 2 gi-pí-eš-šar

47 ḫa!-mi-in-ki-iš-ki-ir na-aš-ta u[(t-ne-e[f] e-eš-ḫar ak-ku-uš-k)]ir

48 ki-nu-na[g] li-e e-eš-ša-an-zi k[(u-i-ša-at i-i̯a-zi ⸢nu-uš-ši)] ḪUL-lu[h] ḫi-in-ká[n pi-an-du]

---

§ 40 49 [(UR-RA-AM ŠE-RA-AM k)]u-iš am-me-e[(l[i] EGIR-an LUGAL-uš ki-š)a-r(i nu ḫal-k)i-u]š

50 [(ŠUM-aš-mi-it ši-)]i-e-eš-ki ka-a-aš-ma-d[(u-za[j] $^{LÚ.MEŠ}$A-GRIG É ^{NA_4}KIŠIB da-)]li-i̯a-an[(-zi)]

51 [(nu-ut-ta ki-iš-)]ša-an da-ra-an-z[(i)[k] . . . . zi-i]k?

52 [(nu-ṷa-at-ma-)a]z[l] li-e ši-ẹ[(-e)š-ki-ši na-at-ṷa ŠUM-aš-mi-it[n] ši-i-]ẹ-eš-ki

53 [(nu-ut-ták-kán ka-a-a)]š-ma kar-pa-an[-zi

54 [. . (x$^{ḪI.A}$ Ú-U)]L ḫu-iš[-nu?-

---

a) B III 8' nu-uš-ša-an; ebenso C III 8'.
b) B III 8' ḫal-ki$^{ḪI.A}$-uš.
c) B III 10' ši-iš-ša-an-du; ebenso C III 10'.
d) B III 10' ut-ne-i̯a-an[-, C III 10' ụt-n[e-.
e) B III 11' mar-ša-a-tar. f) C III 13' ut-ni-e.
g) In B III 14' folgt noch namma. h) B III 15' i-da-lụ, Ende der Kol.
i) Hier beginnt D Rs.1' -]mu-uk. j) C III 16' ka-a-aš-ma-ad-d[u-.
k) C III 18' da-a-ri-i̯a[-, Ende der Kol.; D Rs.3' ta-ra-an-zi.
l) D Rs.4' nu-ṷa-at-ma-za. m) D Rs.4' ši-i-i̯a-e[š-.
n) Erg. nach III 50. o) D Rs.6' ḫu[-, dann Bruch.

Rs.III

§ 39 43 Und ich vermehrte wieder das Getreide [. . . .]x die Bauern

44 eben jene Felder (und) Fluren, sie[he$^{?}$. . . . s]ollen sie siegeln.

45 Eben jene, (nämlich) die Landbevölkerung, x [. . . sollen nicht$^{?}$] Betrug begehen.

46 Beim Ernteertrag[1] pflegten sie außerdem entweder eine Elle oder zwei Ellen

47 zu 'binden'[2] und (damit) dem Lande das Blut (aus)zutrinken.

48 Jetzt sollen sie (das) nicht[3] tun! Wer es macht, dem sollen sie einen bösen Tod [geben].

---

§ 40 49 In alle Zukunft, wer nach mir König wi[rd], siegle du immer das Getrei[de]

50 mit ihrem Namen. Nunmehr lassen dir die Verwalter das "Siegelhaus" in Ruhe.

51 Sie werden dir folgendermaßen sagen: [" . . . . . d]u.

52 Aber du sollst es nicht für dich[4] zu siegeln pflegen, siegle [es] immer [mit ihrem Namen$^{?}$]."

53 Und dir bring[en] sie nunmehr weg [

54 [. . . . .]x nicht ret[ten$^{??}$

---

1) Zu *ilaššar* s. S. 98 ff.

2) D.h. zurückbehalten, für sich reservieren.

3) B: nicht wieder.

4) Hier fehlt, wie öfter in älterer Sprache, das schwach artikulierte -*r*; eigentlich *nu-u̯a-ra-at-ma-az*.

Rs.III

§ 41 55 nichts erhalten

56 [ ]x[

57 [-]ki-si[

58 nichts erhalten

59 [(-)]kat-t[a

60 nichts erhalten

---

§ 42 61 [-]ti[-

62 [-u̯]a-an[-

63 nichts erhalten

---

§ 43 64 [-]ạ-x[

65 [ut?-]tar[

66 [ ]x[

67 nichts erhalten

68 [. . . . t]i-i-e-ir [

---

§ 44 69 [ku-iš ki-it p]a-an-da-la-az am[-me-el EGIR-an LUGAL-uš ki-ša-ri[a)]

70 [. . (.) pár?-]ṛa-an-da te-ip-ṣa[-nu-zi?

71 [nu-ut-t]a ki-iš-ša-an te-iz-zi[

72 zi-ig-ga li-e iš-ta-ma-aš-ti[

73 nu-za ma-a-an NAM.RA-an tu-u-ri-i̯a-a[n ḫar-ši

74 na-pa ^{GIŠ}TUKUL$^{\text{ḪI.A}}$ šar-ni-in-ki-iš-ki ERÍN[^{MEŠ}

75 na-an na-aš-šu A-NA DAM-KA na-aš-m[a A-NA DUMU^{MEŠ}-KA?

---

a) Erg. nach Rs.III 49.

Rs.III

§ 41 55 [ ]
56 [ ]x[
57 [ ]pflegst du zu[
58 [ ]
59 [ ]x[
60 [ ]

---

§ 42 61 [ ]x[
62 [ ]x[
63 [ ]

---

§ 43 64 [ ]x[
65 [Wo]rt?[
66 [ ]x[
67 [ ]
68 [t]raten sie[

---

§ 44 69 [Wer? von j]etzt an [nach m]ir [König wird?
70 [. . . . . dar]überhinaus? zuschanden[macht?
71 [und di]r sagt er folgendes:[
72 Und du sollst nicht hören [
73 Und wenn du dir einen Umsiedler angespannt[1] [hast
74 Dann ersetze dafür (immer wieder) das Werkzeug. Die Trupp[en
75 und [bringe??] ihn entweder zu deiner Frau ode[r zu deinen Söhnen?

---

1) D.h. für deine Zwecke eingesetzt hast.

Rs.IV

§ 45 1ff.[a] nichts erhalten

---

§ 46[b] 9/ 1' [. . . . .]x-e ị-ẹ-ẹn-zị[

10/ 2' [. . . . .] 1$^{?}$ ^{NINDA}ḫa-a-li-in Ú-ỤL m[a$^{?}$-

11/ 3' [. . . . .]x-i a-pí-e-ma-at KAŠ GEŠTIN ta-x[-

12/ 4' [. . . . . t]a$^{?}$-ma-a-at-ta e-eš-ša-an-zi nu A[-NA

13/ 5' [. . . . .] ki-nu-na ki-it pa-an-ta-la-az A-N[A

14/ 6' ⩤ GÍR-an a-ap-pa-an ku-ut-ta-ni-ị-š[i

---

§ 47 15/ 7' [. . . . .][c] Ạ-A-I QA$^{!}$-AB-BI na-aḫ-ḫa-an-te-eš e-še-ir nu ma-a-an A-BU

16/ 8' [. . . . .]x-eš-šar$^{!}$-ra na-aš-ta iš-ša-az ZỊ$^{?}$ ku-iš ka[-

17/ 9' [. . . . . . ma-a-a]n$^{?}$ at-ta-aš an-na-aš ak-kán-zi nu AT-ḪU-U EZEN[[d]

18/10' [. . . . . -z]i ḫu-ur-ta-i-ša-az za-aḫ-ḫa-it na-at-ta[

19/11' [. . . . . g]a-la-an-kán-te-eš e-še-ir ku-it-za i-e-en-zi-ma[]

20/12' [. . . . . .-]aš ki-ik-ki-iš-ta-ri

---

a) Berechnung nach FORRER.

b) Textherstellung der Paragraphen 46 bis 50 nach B.

c) Zu erg. ka-ru-ú-ma at-ti-iš?, vgl. IV 21f.

d) Zu erg. i-i̯a-an-zi?

Rs.IV

§ 45 1ff. nichts erhalten

---

§ 46 9/ 1' [. . . . .]x machen sie [

10/ 2' [. . . . .] ein ḫali-Brot nicht [

11/ 3' [. . . . .]x jene aber Bier, Wein, x[

12/ 4' [. . . . .] an [an]derem$^{?}$ Ort machen sie. Und f[ür

13/ 5' [. . . . .] und jetzt, von nun an x[

14/ 6' den Dolch hinten in sein[en] Nacken[

---

§ 47 15/ 7' [. . . . .]gegenüber allem, was auch immer (es war)[1], waren sie ehrfürchtig. Als der Vater

16/ 8' [. . . . .] und das x. Welche Seele$^{?}$ aus dem Munde x[

17/ 9' [. . . . . Sobal]d$^{?}$ Vater (und) Mutter sterben, [begehen$^{?}$] die Verwandten$^{?}$ ein Fest [

18/10' [. . . . .]x. Der Fluch [. . . .] durch eine Schlacht nicht [

19/11' [. . . . .]waren besänftigt. Was sie aber für sich machen,

20/12' [. . . . .] wird er/es.

---

1) Bei ai "ach" HW^2 47b, wo schon zweifelnd aufgenommen, zu streichen; ein von H. OTTEN, ZA 66 (1976) 92 angenommenes weiteres Lemma ai^2 entfällt ebenfalls. ajju wird im Boğazköy-Akkadischen auch als Indefinitpronomen anstelle von ajjumma verwendet (R. LABAT, AkkBo 92).

Rs.IV

§ 48 21/13' [ma-]ạ-an [ap-pí-iz-]zi-an-na da-an-du-ki-iš-na-aš
kar-pi-na at-ti-i[š a)

22/14' [pár?-]ni ša[(r-r)i b)-i̯]a-u-u̯a-an c) da-a-ir ne A-A-I
QA!-AB-BI Ú-UL n[a-aḫ-ḫa-an-te-eš d)

23/15' [(n)]e a-pád-d[(a)] ši-ú-ni-i̯a-aḫ-ḫa-ti ki-nu-na ki-
it pa-ạn-dạ[-la-az

24/16' [(ma-)]a-na-aš e) ạt-tị-iš f) ḫu!?-iš-u̯a-an-te-eš šar g)-
ra-na-a[š? še-ir?

25/17' [ku-u̯]a-at-qa ú-e-ri-iz-zi h) ku-i-ta-aš-ša i) šar-ra-
an[-n]a KAxU-az ú-ẹ-ri-ịz-zị

26/18' na-aš-ta É-ir-za pa-ra-a pí-eš-ši-i̯a-an-du na-aš-kán
šar-ra-na-za-pát j) ša-me-en-du k)

---

§ 49 27/19' iš-ḫa-na-aš-ša! l) ut-tar ki-iš-ša-an ku-iš e-eš-ḫar
i-e-iz-zi nu ku-it e-eš-ḫa-na-aš-pát

28/20' iš-ḫa-a-aš te-iz-zi ták-ku te-iz-zi a-ku-u̯a-ra-aš
na-aš a-ku ták-ku te-iz-zi-ma

29/21' šar-ni-ik-du-u̯a m) nu šar-ni-ik-du LUGAL-i-ma-pa li-e
ku-it-ki

---

a) karpina attiš ohne Abstand geschrieben.
b) Hier beginnt C IV.
c) FORRER liest]ni-in[-ki-i̯]a-u-u̯a-an.
d) Erg. nach IV 15.
e) C IV 3' ma-a-an.
f) C IV 3' at-te[-.
g) Hier beginnt A IV.
h) C IV 4' ú-e-ri-i-e-iz-zị.
i) A IV 1' -]aš-ta.
j) C IV 6' šar-ra-az-pát.
k) C IV 6' ša-mị[-.
l) Geschr. in B IV 19' iš-ḫa-na-aš-ta; C IV 7' iš-ḫa-na-aš-ša.
m) C IV 9' šar-ni-ik-du.

Rs.IV

§ 48 21/13' Und [a]ls [spät]er die Menschen auch die Wut (gegen) die Väter [richteten?,]
22/14' begannen sie [im Hau]se? Aufteilungen vorzunehmen, und sie [waren] gegen alles, was auch immer (es war), nicht e[hrfürchtig.]
23/15' Deswegen wurden sie (3.Sg.) von der Gottheit (mit Krankheit) geschlagen. Jetzt, von diesem Zeitpun[kt an, soll ein Sohn büßen?,]
24/16' [we]nn er die Väter[1], die (noch) am Leben sind, [wegen?] des Anteils[2] [
25/17' [et]wa (an)ruft. Und weil er zum Teilen mit dem Munde ruft,
26/18' sollen sie (ihn) aus dem Hause werfen, und er soll eben des Anteils verlustig gehen.

---

§ 49 27/19' Und die Angelegenheit des Blutes ist folgendermaßen: Wer eine Blut(tat) begeht, (dem geschieht), was des Blutes
28/20' Herr sagt. Wenn er sagt: "Er soll sterben!", dann soll er sterben. Wenn er aber sagt:
29/21' "Er soll Ersatz leisten", dann soll er Ersatz leisten. Dem König aber (soll) er dabei nichts (an Ersatz leisten).

---

1) Hier: Eltern?
2) šarrana- ist bis jetzt nicht belegt; da es aber in 26/18' in C durch šarra- "Teil" ersetzt ist, muß es wohl auch etwa "Teil, Anteil" bedeuten.

Rs.IV

§ 50 30/22' ^{U}[(^{R})]^{U}Ḫa-at-tu-ši al-ṷa-an-za-an-na-aš [(n)]a-aš-ta ud-da-a-ar pár-ku-nu-uš-kat-tin

31/23' [(ku-i)]š-za ḫa-aš-ša-an-na-an[a)] iš-tar-na ạl-ṷa-an-za-tar ša-ak-ki šu-me-e-ša$^{!}$-an

32/24' [(ḫa-)]aš-š[(a-an-)]na-an-za[b)] e-ip-tin na-an A-NA KÁ É.GAL[c)] ụ́-ṷa-te-it-tin[d)]

33/25' [ku-i-iš$^{?}$-]šạ-an[e)] Ú-UL-ma ú-ṷa-te-iz-zi nu ú-iz-zi

34/26' [(a-pí-e-da-ni[f)] U)]N-ši-pát[g)] i-da-la-u-e-eš-zi

35[h)] DUB.1.KAM

36 ŠA ^{m}Te-li-pí-nu QA-TI

---

a) C IV 11' ḫa-aš-ša-an-na.
b) C IV 12' ḫa-aš-ša-an-na-az.
c) A IV 9' É.GAL^{LIM}.
d) A IV 9' -]te-it-te[-en].
e) C IV 13' [ku-]ị-ša-an.
f) C IV 14' a-pí-e-da-ni-pát.
g) C IV 14' UN-ši É-ri-iš-ši-pát.
h) Kolophon nur in C IV 15'f.

Rs.IV

§ 50 30/22' (Die Angelegenheit) der Zauberei in Ḫattuša: davon sollt ihr die Dinge beständig frei machen.

31/23' Wer innerhalb der Sippenangehörigen sich auf Zauberei versteht, den sollt ihr

32/24' aus der Sippe ergreifen und ihn zum Tor des Palastes bringen.

33/25' Wer ihn aber nicht herbringt, da wird es dazu kommen,

34/26' daß es für jenen Menschen[1] böse ausgehen wird.

---

35 Erste Tafel

36 des Telipinu. Beendet.

---

1) C zusätzlich: und für sein Haus.

III. Weitere Texte Telipinus

Akkadischer Text des Telipinu-Erlasses

Der akkadische Text ist so bruchstückhaft erhalten, daß sich eine Übersetzung nicht lohnt. Überdies ist er großenteils verständlich, wo auch das Hethitische erhalten ist; wo die hethitische Übersetzung fehlt, ist fast nichts mehr zu verstehen, jedenfalls für den historischen Ablauf.

KUB III 85

Vs.I

§ 1 1 ụm-ma ^{m}ta-ba-ar[-na ^{m}Te-li-pí-nu LUGAL.GAL

2 ^{m}La-ba-ar-na LUGAL[.GAL ù DUMU^{MEŠ}-šu ŠEŠ^{MEŠ}-šu]

3 $^{LÚ.MEŠ}$ḫa-at-ni-šu LÚ^{MEŠ} ki-ịm-t[i-šu ù ERÍN^{MEŠ}-šu]

§ 2 4 pa-aḫ-ru ib-bá-su-ú / ù KUR.K[UR-tim

5 i-na a-i-me-e KUR ^{LÚ}KÚR-šu a-na KA[RAŠ

6 i-ša-ak-kà-an ù KUR $^{LÚ.MEŠ}$KÚR[-šu

---

§ 3 7 KUR.KUR^{MEŠ}-tim iḫ-ta-na-al-li-iq KUR[

8 ù KUR.KUR-tim a-na ZAG A.AB.BA ẹ![-pu-uš

9 iš-tu KARAŠ it-tù-ur x-ta[-

10 ù DUMU^{MEŠ} LUGAL ma-an[-nu] ạ[-na] ma-an[-nu-me-e?KUR-tim

---

§ 4 11 ^{URU}Ḫu-u-pí-iš-n[a ^{URU}Tu-u-u̯a-nu-u̯a ^{URU}Ne-na-aš-ša ^{URU}La-a-an-da]

12 ^{URU}Za-al-l[a-ra ^{URU}Pár-šu-ḫa-an-ta ^{URU}Lu-uš-na

13 ụ KUR.KUR-tim[

(Bruch)

KUB III 89

Vs.I

§ 13 1' -]d[u-

2']

3']x ša ^{m}Mu-ur-ši-l[i]

§ 14 4' gab-]bi LÚ^{MEŠ} Ḫur-ri ANŠE$^{\text{ḪI.A}}$

5']x i-na UGU-šu-nu uš-ta-ḫi-iz-zu

6' i]s-sà-an-ma-ni[m][1] KUR ^{URU}Ḫa-at-ti

7']ù i-na ŠÀ-[bi] KUR-tim iš-ḫu-ru

8']x a-bi-ik-ta[-am?] a-na UGU-šu-nu

9' ik?-]šụ-du

---

§ 15 10' LÚ^{MEŠ}]Ḫur-ri iš-tu KUR-i̯a ú-kà-aš-ši-du

11' [(X) ^{f}Ḫa-ra-ap-ši-l]i[2] qa-du DUMU^{MEŠ}-šu i-na ^{URU}Šu-gaz-zi-i̯a

12' [X[3] (X) ^{f}Ḫa-ra-a]p-ši-li SAL.LUGAL im-ta-r[a!-a]ṣ-ma

13']^{m}I-la-li-u-um-ma DUMU É.[GAL] ạ-na u̯a-ar-ki-šu

14']x x x LÚ^{MEŠ} É ^{URU}[Šu-ga]z-zi-i̯a

15' -]an-da i-te-ni-ir!-ri-i[š . .]-um-ma

16' -]qa

---

§ 16 17']ul-lu-ú ^{LÚ}KÚR-ka [. . . . . (.)]

18']x-ma ù ma-an-nu[

19' ^{m}I-l]a-a-li-ụ-ma[2] DUMỤ! Ẹ́[.GAL

20' ^{L}]^{Ú}KÚR-ka iṣ-bạ?[-tù-šu qa-du DUMU^{MEŠ}-šu]

21']x[

(Bruch)

---

1) Erg. nach GOETZE, JCS 11 (1957) 55ff.

2) Erg. nach GOETZE, l.c.

3) Vorschlag von GOETZE, l.c., ub-lu-šu-nu-ti

Es folgt, offenbar parallel zu KUB III 89 I 17'ff., ein weiterer Teil des § 16.

<u>KBo I 27</u>

(verbesserte Ed. in KUB IV S.50b)+223/g II 2ff.

<u>Vs.II</u>

§ 16 1]x ^{LÚ}KÚR-i̯a ši̥-i̥-it[-.

. . .] x

2 ^{m}]I̥-l[a-]a-li-u̥$^{!}$-mḁ[1)] DUMU É.⟨GAL⟩-lim

. . . . .]x-is

3]x-al$^{?}$-lam$^{?}$ SAL.LUGAL iq-bi-š[i

4]x iṣ-ba-tù-šu qa-du DUMU^{MEŠ}-šu[

---

§ 17 5 ^{m}Ḫa-an-]te-li SAL.LUGAL ^{URU}Šu-uk-z[i-i̯a

6 -]it ma-an-nu-um i-du-uk-šu-nu-ti[

7 ṭe-]ma a-na KÁ-bi uš-te-iṣ-ṣí-mi x[

8]x ki-im-ta-šu iṣ-ṣa-ab-bá-tù-šu-n[u-ti

9 -l]a$^{?}$-ḫa ub-lu-šu-nu-ti i-na kà-az-zi-ri[

10 -š]u-nu-ši

---

§ 18 11 ^{m}Ḫa-an-t]e-li iš-ti-ib a-na ši-im-ti-šu il-l[i-ik

12]^{m}Pí-še-ni DUMU ^{m}Ḫa-an-te-li̥ qḁ-du̥ D̥UMU^{M}[^{EŠ}-šu

2'/13 ù[ ]i-du-uk-ma ù̥$^{?}$[

3'/14 i-te-l[i (X)DINGIR^{M}]^{EŠ} ša ^{m}Pí-še̥-ni̥ x[

4'/15 ù Am-mu-n[a (X)]x ša[

5'/16 i-te-ep-šu ù$^{?}$[

(Bruch in KBo I 27,
223/g in MDOG 76.43 nicht weiter ausgeschrieben)

---

1) Erg. nach GOETZE, l.c.

<u>KUB III 89</u>

<u>Vs.II</u>

1' x[

---

§ 26 2' ki-ị[

3' ub-lu[-

4' LUGAL-x[

5' ù x[

6' ut-te[-er

7' x[

(Bruch)

<u>KUB III 89</u>

<u>Rs.IV</u>

§ 39 1']x x[

2']ạ!-na! [1)] KUR-tim dam-m[a

3' m]a-am-ma la-a e-e[p-pu-uš?

4' mu-]ú-tá-a-na la-a x[

---

§ 40 5' i/a-]na u̯a-ar-ki-i̯a LU[GAL

6' it-]ti-ka-ma lu-ú x[

7']É ^{NA_4}KIŠIB ú-šar x[

8']x-mi ụ̀ [Š]E?$^{ḪI.A}$ qar-x[

9']x x x x x[

10'] x x x [

---

1) Nach SOMMER, HAB 141, anhand der Nachprüfung durch EHELOLF.

KUB III 89

Rs.IV

§ 41 11']-ka [i$^{?}$-n]a$^{?}$ É la[-

12' É $^{N]A_4}$KIŠIB $^{LÚ.MEŠ}$AGRIG[

13']ŠE$^{?}$ 1/2 PA ŠE ú-ma-a[d-

14']x lụ-ú im-d[á- . . . . $^{LÚ.M]EŠ}$AGRIG

15']x LÚ^{MEŠ} ḫa-x[. . . . .]

16' -]a ú-ma-ad[-d. . . ú-m]a$^{?}$-ad-du-u

17' lu-]ụ́ im-dá-a[- . . . . . .]

18']x[. . . . . (.)] x x[ ]

KBo XII 8

Historischer Bericht Telipinus über seine Regierung; s. dazu die Transkription und Übersetzung von O. CARRUBA, Fs Güterbock 77f.

Vs.I

x+1 [. . . . .(.)-]ki[
2' [. . . . .(.)]x-ŠU? ŠEŠ[
3' šạ?-ạ?-ku-u̯a[-as?] 1) LUGAL-un[

4' na-aš-ta ^{m}Ḫu-uz-z[i-i̯a-
5' pí-i-i̯a-an ẹ?[-eš-ta?
6' me-mi-iš-t[a
7' kụ-e-da-ni[
8' ša-an A-N[A

9' mạ-a-na-pa x[
10' ^{LÚ}tu-uḫ-k[án-ti-
11' ma-a-nạ-pa[
12' ^{m}[

---

geringe Spuren weiterer 8 Zeilen

Rs.IV (ab Zeile 22' läuft KBo XII 9 Rs. parallel)

x+1 [. . .]x[
2' [. .]x a-uš-dụ[

3' [. .]x-i̯a ku-e[(-)
4' [. .(.)-d]a?-i̯a x[
5' [^{m}Te-li-p]í-nu-u[š?

---

1) CARRUBA liest hier nu? ^{m}A?kuu̯a[š]

6' [ma-a-an?] ^{m}Te[-li-pí-nu-us

7' [. .] x-an-mi[-in?

8' [me-i]k?-ki[

9' ma-a-an LUGAL-uš[

10' ^{m}La-aḫ-ḫa-an-nạ ^{URU}Ḫ[a?-aš-šu-u-u̯a?

11' an-da ta-li-i̯a[-nu-un na-aš-ta?

12' TE-MU[1] ^{m}La-aḫ-ḫa-aš ^{URU}[

13' pi-ra-an ḫa-at[-ra-a-it?

14' LUGAL.GAL! ^{URU}Ḫa-aš-šu-u-u̯[a-an ar-ḫa?

15' ḫar-ni-in-kụ-ụn ta-pa[EGIR-pa?

16' ú-e-iḫ-ḫa-ḫa-at ^{m}La[-aḫ-ḫa-an-ma?

17' ^{URU}Lạ-ri-iš-ša-za[2] ^{U}[^{RU}

18' ú-u̯a-te-e-ir pa-ạn[-ku-uš-ša-an? pa-ra-a ḫi-in-ga-ni ḫar-ta[3]]

19' na-aš-ta ^{m}La-aḫ-ḫa[-aš ak-ki-is?][4]

20' ^{m}Ḫu-uz-zi-i̯a-aš-š[a-an? Ù ŠEŠ^{MEŠ}-ŠU?

21' pár-na-aš-ma-aš tar-na-aḫ[-ḫu-un pa-an-du-u̯a-az[5]]

22' a-ša-an-du ḪUL-l[(u-ma-u̯)a-aš-ma-aš-kán[6] li-e[6]]

23' ku-iš-ki ták-ki[(-e-eš-zi)][7]

---

1) CARRUBA transkribiert t-e-mu

2) Liest CARRUBA als At?rissa; bei DEL MONTE, Rép.Géogr. 6.244 als Larišša gebucht

3) Erg. nach Tel II 28

4) CARRUBA: ^{m}Laḫḫa[n kuennir]

5) Erg. nach Tel II 13

6) Erg. nach Tel II 14

7) In KBo XII 9 folgt kein Paragraphenstrich

24' ÌR^{MEŠ}.GAL-ma ḫa-an-te-iz[-zi-eš$^{?}$]

25' du-ud-du-me-li u-i-e[(-i)r nu-kán ^{m}Ḫu-uz-(zi-i̯a-an)]

26' QA-TU$_4$ 7 AT-ḪU-TIM [ku-en-(nir)]

27' ku-e-iš$^{!}$-ša-aš-kán ku-e[(n-nir-ma LUGAL.GAḶ-ma)-aš-ta[1]
^{GIŠ}TUKUL$^{\text{ḪI.A}}$][1]

28' ŠU-za-ma-aš da-aḫ-ḫu-u[(n) nu-uš-ša-an$^{?}$ maš-du-uš[2]]

29' [Š]U$^{?\text{MEŠ}}$-aš-ma-aš[3] te-iḫ-ḫ[(u-u)n]

30' [t]a-aš kar-ša-uš [$^{\text{LÚ.MEŠ}}$APIN.LA(L[4] i̥-i̯ḁ-nu-u̯n)][5]

31' [t]a a-pí-e-da-ni [MU.KAM-ti[6]

32' [i]š-ḫar iš-ḫa-aḫ-ru[-i̯a

33' [ma-ak-k]i-e-eš-t[a[7]

34' [. . . . .- r]u$^{?}$[

Bruch

Rs.IV

1' [ ] [

2' [ ]x er soll sehen[

3' [ ]x welche[

4' [ ]x [

5' [Telip]inu[

---

1) Erg. nach Tel II 30

2) Erg. nach Tel II 30

3) KBo XII 9 Rs. 8' $^{\text{M]EŠ}}$-ma-aš

4) Erg. nach Tel II 29f.

5) Bruch in KBo XII 9

6) Ergänzung CARRUBAs

7) Vgl. Tel II 48

6' [Als$^{?}$] Te[lipinu

7' meinen$^{?}$ x[

8' [vie]l$^{?}$ [

9' Als (ich), der König [

10' und Laḫḫa in$^{?}$ Ḫ[aššuwa$^{?}$

11' drinnen li[eß ich, da$^{?}$

12' schi[ckte] Laḫḫa in die Stadt [ ]eine Botschaft[1]

13' voraus [und wiegelte sie auf$^{?}$.

14' (Ich), der Großkönig, vernichtete die Stadt Ḫaššuw[a gänzlich$^{?}$]

15' und [

16' kehrte ich [um$^{?}$.] Den La[ḫḫa aber

17' aus Larišša[2] in die St[adt

18' brachten sie. Der <u>pan</u>[<u>ku</u>$^{?}$ bestimmte ihn zum Tode(?).]

19' Und Laḫḫ[a starb$^{?}$ daraufhin. [3]]

20' Ḫuzziya [und seine Brüder$^{?}$

21' (ent)liess [ich] in ihre Häuser. ["Sie sollen gehen]

22' (und dort) wohnen. Böse[s aber soll ihnen]

23' keiner zufügen."

---

1) CARRUBA übersetzt "und Laḫḫa sie (Akk.?) mir in die Stadt vorausschickte", dazu bemerkt er (Anm.12): "Eine evtl. Lesung <u>ṬEMU</u> "Botschaft" wird am Anfang der Zeile durch das folgende <u>ḫatrai-</u> "schreiben; senden" nahegelegt; man erwartet aber die Schreibung <u>ṬE-E-MU</u>."

2) S. S.64, Anm.2.

3) CARRUBA ergänzt hier "sie töteten Laḫḫa."

24' Die großen Diener ersten Ran[ges] aber

25' schickten heimlich her. Ḫuzziya

26' samt sieben Verwandten [töt]eten sie.

27' Welche sie aber töteten, (denen) nahm (ich), der Großkönig, [die Waffen]

28' aus ihrer Hand,[und Fesseln?]

29' legte ich an ihre [Hä]nde,

30' und ich machte sie zu richtigen [Bauer]n.

31' [U]nd in jenem [Jahr?

32' [B]lut [und] Tränen(strom)[

33' wurden [viel

(Bruch)

CARRUBA (S.78) merkt an, daß zwei Ereignisse in den "Annalen" (=KBo XII 8) anscheinend ausführlicher erzählt wurden als im Telipinu-Erlaß, die Episode um Laḫḫa und den Tod Ḫuzziyas. Das stimmt im Falle Laḫḫa; die Ermordung Ḫuzziyas, das heißt, die Umstände, die dazu führten, werden aber im Telipinu-Erlaß weit ausführlicher geschildert. So zählt der Erlaß noch die Namen sämtlicher Verschwörer gegen Ḫuzziya auf und nennt auch den Mörder namentlich; ebenfalls betont Telipinu hier noch, daß er von dem Ganzen nichts wußte.

KUB XXI 48

Fragment, das Telipinu nennt; CTH 22: Rappelle le Rescrit II 40sqq. Telipinu-Annalen wie KBo XII 8?

Vs.

1'] x x x [

2' -i]z$^{?}$-zị-in EGIR-an-pá[t

3'] nu KUR ^{URU}Ḫa-at-ti ḫa[r-

4']x ma-ak-ki-iš-t[a

5']x in-na-ra-u-ṷa-an e[-eš-ta$^{?}$

6'] ḫa-at-ki-iš-nu-ut [

7' ku-]iš LUGAL-uš ki-ša-r[i$^{?}$

8']A̤-NA ^{m}Te-li-pí-nu x[

9']x^{MEŠ} LUGAL X [

10'] x x-ma$^{?}$ kụ-x[

11' p]í-di[

12']x x[

Rs.

1'] x x [

2']x-šạ?-ạn-ta [

3'] ú-u̯a-te-nụ-un [

4' ú-u̯a-]tẹ-nu-ụn [

5'] x x x x x-ụn? [

6'] x ḫạr-nị-ịn-ku-un [

7'] x ỤRU? x x-an da-aḫ-ḫu-un[

8'] x x [

(Rest unbeschrieben)

IV. Der Telipinu-Erlaß und seine Zeit

1. König Telipinu und sein Erlaß

Über Telipinu, einen der letzten Könige des althethitischen Reiches, wissen wir nicht sehr viel mehr, als was er uns in seinem Erlaß über sich selbst berichtet. Außer dem Erlaß sind Bruchstücke von Annalen (KBo XII 8 und 9, CTH 20) auf uns gekommen, die inhaltlich parallel zu CTH 19 laufen (s. oben S. 63ff.). Weitere Informationen für die politische Lage liefert sein Vertrag mit Išputaḫšu von Kizzuwatna; es sind Bruchstücke in akkadischer wie auch in hethitischer Sprache erhalten (CTH 21). Dann wäre noch ein Fragment (KUB XXI 48) zu nennen, das nach E. LAROCHE (CTH 22) an den Erlaß (II 40ff.) erinnert, aber außer dem Namen Telipinu und der Phrase kuiš LUGAL-uš kišari nicht viel Gemeinsames aufzuweisen hat (s. oben S. 68f.). Auch in späterer Zeit war die Erinnerung an Telipinu nicht ganz erloschen. Muršili II. erwähnt z.B. in seinen Ausführlichen Annalen (KUB XIX 39 II 9), daß seit den Tagen Telipinus kein König von Ḫatti mehr nach Tapapanuwa und Ḫatenzuwa gekommen sei, was das politische Engagement Telipinus in diesen Gegenden bezeugt. Diese Nachricht liegt im Erlaß nicht vor oder ist uns nicht erhalten. Man sieht also, wie unvollständig der Erlaß als historische Quelle ist.

Wann Telipinu genau regiert hat, ist nicht bekannt; die Meinungen darüber gehen (je nach Bevorzugung der mittleren oder kurzen Chronologie) auseinander. A. GOETZE, Kleinasien[2] 87, setzt ihn um 1550 v.Chr. an; O. GURNEY, The Hittites 24, E. und H. KLENGEL, Die Hethiter 69 und H. OTTEN, Fischer Weltgeschichte 175, um 1525; B. HROZNÝ, Die älteste Geschichte Vorderasiens 150, um ca. 1520 - 1490; S. HEINHOLD-KRAHMER, THeth 8.31, um 1500 und

G. WILHELM, Grundzüge der Geschichte und Kultur der Hurriter 140, um 1460. Man könnte sich also darauf einigen, Telipinu provisorisch um 1500 (plus/minus 30 Jahre) festzulegen, wobei die niedrigeren Daten plausibler erscheinen als die höheren, wenn man bis zu Šuppiluliumas I. Regierungsantritt (ca. 1380/1375) die Könige Taḫurwaili, Alluwamna, Tutḫaliya I., Ḫattušili II. (wohl nur kurze Regierungszeit), Tutḫaliya II., Arnuwanda I. und Tutḫaliya III. (sehr kurze Regierungszeit) ansetzt, unter Auslassung von *Ḫantili II., *Zidanta II. und *Ḫuzziya II., deren Existenz ja mehr als unsicher ist.

Über den Erlaß König Telipinus ist seit dem Erscheinen der Umschrift in E. FORRERs 2 BoTU (1926) unendlich viel geschrieben worden. Ist er doch die einzige Quelle, die eine Abfolge der Könige des Alten Reiches bringt, mit jeweils einigen markanten Daten aus ihrer Regierungszeit. Selbstverständlich ist diese Auswahl an Geschehnissen aus der Epoche eines jeden Herrschers von einem übergeordneten Gedanken bestimmt, nämlich von dem Motto "Einigkeit macht stark, Uneinigkeit bringt Unglück"[1]. Zusammenhänge oder auch die Genealogie einiger Könige, die uns ungemein interessieren würden, spielten für Telipinu keine Rolle. Er war ja darüber informiert, und für seine Abhandlung über die Pflichten künftiger Nachfolger, ihrer Familie und ihrer Diener waren solche Details nur von untergeordneter Bedeutung.

Gemeinhin verbindet man mit der Erwähnung des Telipinu-Erlasses in erster Linie die Festlegung der Thronfolge und die Darlegung der historischen Verhältnisse zur Zeit der alten Könige. So schreibt F. CORNELIUS, Geschichte der Hethiter 121: "Er [Telipinu]

---

1) So H.G. GÜTERBOCK in: Neues Handbuch der Literaturwissenschaft 221; ähnlich auch schon ZA NF 10 (1936) 98.

erließ das erste Verfassungsgesetz der Weltgeschichte"; E. FORRER, 2 BoTU 12*, erklärte, der Text habe "den Charakter eines politischen Testamentes"; A. GOETZE, Kleinasien^2 87, wählte den Ausdruck "Staatsgrundgesetz des Telepinus"[1]. Am weitesten ging K.K. RIEMSCHNEIDER, der in seinem Aufsatz "Die Thronfolgeordnung im althethitischen Reich" 79 konstatierte: "Der Telepinu-Erlaß[1], ohne Zweifel eines der wichtigsten historischen Dokumente aus althethitischer Zeit, ist der Regelung der Thronfolge gewidmet".

Diese Heraushebung der Thronfolgeordnung läßt vergessen, daß rund die Hälfte, nämlich fast die ganze Rückseite der Tafel, juristischen Bestimmungen gewidmet ist, die sich mit "Siegelhäusern" in verschiedenen Städten, mit dem Verbot von magischen Praktiken, auch mit der Ahndung von Kapitalverbrechen und anderen Vergehen befassen. Diesem weiteren Zweck des Telipinu-Erlasses trägt O. GURNEY Rechnung, wenn er (The Hittites 25) den Text folgendermaßen beschreibt: ". . . an elaborate edict, in which a brief survey of Hittite history . . ., illustrating the dangers of discord and disunity in high quarters, led up to the proclamation of a precise law of succession and of a number of other rules for the conduct of the king and the nobles."

Der Text als Ganzes ist wohl als Verhaltensmaßregel für einen künftigen König samt seiner Familie (in erster Linie natürlich für den direkten Nachfolger) zu betrachten, mit Passagen, die den panku an seine Pflicht mahnen, sich immer dann einzuschalten, wenn diese Regel verletzt wird. Letzten Endes haben wir demnach eine Art Instruktion vor uns.

---

1) Die völlig ungerechtfertigte Schreibung Telepinu sollte endlich einmal aufgegeben werden; Telipinu wird ohne Ausnahme immer ^{m}Te-li-pí-nu geschrieben

Ob Telipinus Regelungen neu waren oder nur bestehende Verhältnisse und ungeschriebene Gesetze schriftlich fixierten, läßt sich nicht entscheiden. Neu war auf jeden Fall der mehrmals betonte Hinweis, daß Blutvergießen innerhalb der königlichen Familie den Zorn der Götter und damit den Ruin des Landes nach sich zog. Die ausgedehnten Bestimmungen für die "Siegelhäuser" scheinen mißbräuchliche Praktiken seitens des Königs wie der Bauern rückgängig gemacht zu haben. Was die Thronfolgeordnung angeht, so wird man als Anhänger der Theorie einer früheren matrilinearen Abfolge natürlich mit einer Neuerung rechnen, während man als Befürworter einer indogermanischen und auch anatolischen Vater-Sohn-Erbfolge hierin nur die schriftliche Festlegung einer seit langem geübten Praxis erkennen kann. Selbst die Übernahme des Throns durch den Mann der ersten Königstochter scheint kein Novum gewesen zu sein: Zidanta, der mit Ḫantilis Tochter verheiratet war, konnte nach der Ermordung von Ḫantilis Sohn Pišeni samt seinen Kindern ohne weiteres die Herrschaft antreten.

An früheren Bearbeitungen des Telipinu-Erlasses sind neben FORRERs 2 BoTU 23 zu nennen: B. HROZNÝs Behandlung des Textes A in BoSt 3.90-129 (1918); M. WITZEL, Hethitische Keilschrifturkunden 44-59 (1924); J. FRIEDRICH, AO 24.3 (1925) 6-9, 21f.; E. CAVAIGNAC, RHA 1.9-14 (1930). Alle besser erhaltenen Paragraphen wurden transkribiert und übersetzt durch E.H. STURTEVANT und G. BECHTEL, Hittite Chrestomathy (1935) 175-200. Zum ersten Mal vollständig transkribiert und übersetzt wurde der Text von W. EISELE, Der Telipinu-Erlaß, Diss. München 1970. Eine neue englische Übersetzung bringt T.R. BRYCE, The Major Historical Texts of Early Hittite History (1982) 132-161.

2. Der *panku*

Neben den zukünftigen Königen ist der *panku* ("Gesamtheit") der Adressat einiger Bestimmungen in Telipinus Erlaß. Nach der langen historischen Einleitung wird er jeweils mit der Aufforderung zum Eingreifen angesprochen: "Packt zu und zerreißt ihn mit den Zähnen; sagt ihm, wie es sich gehört" und so fort. Auch hier hat man den Eindruck eines instruktionsähnlichen Textes.

Was war nun der *panku*? Seit GOETZE, Kleinasien (1933) 80, wird *panku* "mit aller Wahrscheinlichkeit" als "Allgemeinheit der Adligen" angesehen.[1)] GOETZE geht dabei aus von KUB I 16 [= HAB], wo in I 1 und II 1 berichtet wird, wie Ḫattusili I., der den jungen Muršili als Thronerben einsetzen will, zu den ERÍN^{MEŠ} *nagbāti*, den "sämtlichen Kriegern" (GOETZE, l.c. 80), und den *kabtūti*, den "Angesehenen", spricht. Hier folgt dann eine Gleichsetzung, die die nächsten Jahrzehnte immer wieder aufgenommen wurde, ohne deswegen richtiger zu werden. GOETZE sah die hethitische Entsprechung zu den ERÍN^{MEŠ} *nagbāti* im *panku*; in KUB I 16 II 1 ist jedoch nur noch *pa-a*[*n*- erhalten.

Das ergänzte F. SOMMER einige Jahre später in seiner Bearbeitung dieses Textes (HAB, 1938) zu *pa*$^{!}$*-a*[*n-ga-u-u̯a-aš* ERÍN^{MEŠ}-*ti*, wörtlich also "zu den Truppen der Allgemeinheit", was ja wohl etwas anderes ist als das dazu als Übersetzung gegebene "zu den Mannen der Adelsgemeinschaft(?)".

---

1) In der 2. Auflage von "Kleinasien" heißt es (S.86): "Der *pankuš*, wörtlich "der ganze (Heerbann)", bedeutet mit aller Wahrscheinlichkeit die Gesamtheit der (dem Kriegshandwerk obliegenden) Adligen."

Der Fehler lag aber schon anderswo, im Wort na-ak-bá-ti. SOMMER erklärt es (im Anschluß an A. FALKENSTEIN) als "Femininum" nagbatu zu nagbu "Menge" (HAB 29), wobei er betont, außerhalb des Boğazköy-Akkadischen sei es nicht belegt. W. v. SODENs AHw (721b) leitet jetzt jedoch das Wort von kabātum "schwer sein, werden" ab, nakbatu(m) ist das "Gewicht, Geschlossenheit (einer Truppe)", und ERÍN^{MEŠ} nakbati demnach das "Gros des Heeres". Da also wirklich nur "die Gesamtheit des Heeres, das ganze Heer" gemeint ist, dürfte das abgebrochene Wort in KUB I 16 II 1 nur zu pa-a[n-ga-u-i ERÍN^{MEŠ}-ti ergänzt werden; folglich "Der Gr[oßköni]g, der tabarna, sprach zum ge-s[amten Heer und zu den Würdenträgern]". Von irgendeinem "Adel" ist da keine Rede.

Im folgenden einige Beispiele für das zähe Leben der "Adelsgemeinschaft": B. HROZNÝ, Die älteste Geschichte Vorderasiens (1943^{2}) 150: ". . . appelliert an den pankusch, an die Adelsversammlung. . ."; O. GURNEY, The Hittites (1952) 68 (nach HAB) "fighting men of the pankus"; H. OTTEN, Fischer Weltgeschichte (1966) 123 ". . . wurde der Gerichtsbarkeit der Adelsversammlung unterstellt"; F. CORNELIUS, Geschichte der Hethiter (1973) 121: ". . . Pankus - das war wahrscheinlich die Vollversammlung der Edeln - "; S.R. BIN-NUN, THeth 5 (1975) 319 "(verb. "totality") the whole fighting force of the nobles"; V. KOROŠEC, Mesopotamia 8 (1980) 200: ". . . Konzessionen an den pankuš (an "die Gesamtheit", wahrscheinlich des Reichsadels)".

Der panku war keine "Adelsgemeinschaft"[1] - was war er dann? Telipinu spricht in seinem Erlaß deutlich aus, was er unter

1) So zuerst G. BECKMAN (s.S. 79 unten)

panku versteht. In § 33 nennt er die Palastjunker, Leibgardisten, Goldknappen, Mundschenken, "Tischleute", Köche, "Stabträger", Kutscher$^{?}$, Anführer der "Tausend des Feldes"; sie alle sollen, wenn einer der Großen oder auch einer der niedrigeren Ränge "Böses tut", als panku zupacken und den Betreffenden mit den Zähnen zerreißen. Dies hat O. GURNEY, The Hittites 68, schon ganz richtig gesehen: ". . . and it is of them [die oben erwähnten Gruppen von Palastangestellten] as a body that he [Telipinu] explicitly uses the word pankus, meaning probably, in this context, 'whole community'."

Der panku ist also die Gesamtheit der Funktionäre des königlichen Palastes, wohl mit Einschluß der Oberhäupter einer jeden Gruppe, d.h. mit z.B. den Palastjunkern waren nicht nur die gewöhnlichen, sondern auch ihr Oberster, der GAL DUMU^{MEŠ}.É.GAL, gemeint. Nur Angehörige der Kreise um den König konnten folglich unter gewissen Bedingungen in die Handlungen der Königsfamilie eingreifen. Die höchsten Hofämter scheinen in ihrer Bedeutung ein wenig den Erzämtern im deutschen Mittelalter (Truchseß, Marschall, Kämmerer, Schenk) zu gleichen, die später zu bloßen Titeln wurden. Begriffe für Ämter mit ursprünglich fest umrissener Tätigkeit (z.B. GAL GEŠTIN "Großer des Weines", also Mundschenk, später Truppenführer hohen Ranges) wurden im Laufe der Zeit zu einer Art von Titeln, die nur höchste Persönlichkeiten, vor allem aus der königlichen Familie, trugen - wohl auch mit einem bestimmten Kreis von Aufgaben, die aber nicht unbedingt genau abgegrenzt waren. GAL ME ŠE-DI wie GAL GESTIN gehörten zur Spitze der Kriegsführung; wenn sich ihre Aufgaben hierbei deutlich unterschieden haben sollten, so ist das doch für uns nicht faßbar.

Abgesehen von dem oben genannten Befehl Telipinus "zerreißt ihn mit den Zähnen", der wohl überhaupt nur metaphorisch gemeint ist, nicht als Aufforderung, den Übeltäter ohne Gerichtsurteil umzubringen, hat der panku in der Regel nur beratende Funktion sowie die Pflicht, immer wieder den König auf seine Verpflichtungen hinzuweisen; er bildet also eine Art Kontrollorgan. In HAB III 61f. soll der künftige König Muršili im Falle eines Vergehens seitens der königlichen [Diener?] oder der Großen den panku befragen und auch (böses) Gerede dem panku zur Kenntnis bringen (?). Im Telipinu-Erlaß selbst hält der panku zwar Taḫurwaili und seine Spießgesellen des Todes für schuldig (II 28), der König (Telipinu) aber entscheidet anders und setzt sich auch durch. II 47ff. geht es um die Aufgabe des panku, den König, falls er Blutvergießen in seiner Familie anstrebt, auf die schlimmen Folgen hinzuweisen; ein Recht aber, ihn dafür zu bestrafen, hat er nicht (zur gegenteiligen Ansicht, die in vielen Geschichtsdarstellungen zum Ausdruck kommt, s. bei suu̯ai-, S.124f.).

In einem sehr instruktiven Aufsatz[1)] hat sich G. BECKMAN mit dem Verhältnis von panku- zu tulii̯a- "the two Hittite words for political assembly" befaßt und dabei gründlich mit der "Adelsversammlung" aufgeräumt. Er kommt nach der Sichtung des historischen wie des ritualbezogenen Materials zu dem Schluß (l.c. 437): "Thus panku- is hardly a social class, let alone a high one, but rather simply 'totality (of those present on a given occasion)'."

1) "The Hittite Assembly", JAOS 102 (1982) 435-442.

Als bestimmend für das Verhältnis zwischen panku- und tuliia- stellt er fest (S. 438): "panku- and tuliya- are synonymous, or more precisely, the panku- is assembled in the tuliya-." Anders ausgedrückt, panku- ist eine Gruppe ("Gesamtheit"), die sich bei bestimmten Gelegenheiten zu einem Entscheidungsgremium (tuliia-) zusammenfindet. Deshalb ist es nicht ganz angebracht, wie BECKMAN sowohl panku- als auch tuliia- mit demselben Ausdruck "assembly" zu übersetzen. Seiner Quintessenz aber (l.c. 435) "that this assembly was composed of the members of the higher state bureaucracy, and not of the nobility per se" ist voll zuzustimmen.

3. Die Todesstrafe bei Telipinu

Der zweite Teil des Telipinu-Erlasses, die juristischen Bestimmungen zu verschiedenen Sachgebieten, die nicht die Thronfolge und nicht den panku betreffen, wenden sich wieder an die zukünftigen Herrscher. Hier gibt der Text hauptsächlich Ausführungsbestimmungen. Bemerkenswert ist, daß sich die Richtlinien des Telipinu-Erlasses nicht unbedingt mit denen decken, die uns in den Hethitischen Gesetzen zu ähnlich gearteten Fällen überliefert sind. Tel IV 27-29 (§ 49) heißt es: "Wenn der 'Herr des Blutes' sagt: 'er soll sterben', dann soll er sterben; wenn er aber sagt: 'er soll Ersatz leisten', dann soll er Ersatz leisten. Dem König aber soll er nichts (an Ersatz leisten?)."

Dieser letzte Satz ist von jeher umstritten; V. KOROŠEC meint dazu in seinem Aufsatz "Die Todesstrafe in der Entwicklung des hethitischen Rechtes" 201[1]: "M.E. bedeutet dies, daß der hethitische Herrscher nunmehr auf seine bisherigen Gerichtsfälle verzichtete und dadurch eine weitgehende Herabsetzung der Strafsätze in den Hethitischen Gesetzen ins Rollen brachte. Denn es ist wenig wahrscheinlich anzunehmen, daß man mit diesem Satz für den Herrscher ein Verbot hätte statuieren wollen, in ein laufendes Strafverfahren autoritativ einzugreifen."

Man kann den Satz aber auch anders interpretieren. Schließlich ist es das einfachste, in dem Satz LUGAL-i-ma-pa li-e ku-it-ki noch einmal das schon im vorausgehenden mehrmals genannte Verbum šarnink- einzusetzen. Dann heißt es: der De-

1) Mesopotamia 8 (1980) 199-212.

linquent soll Ersatz leisten; eine (zusätzliche) Abgabe an den König (bzw. den Palast) fällt aber nicht an.

Nun ist ja der Paragraph 49 des Telipinu-Erlasses singulär und besitzt keine Parallelen in den Hethitischen Gesetzen, und auch der 'Herr des Blutes' spielt in der hethitischen Rechtsprechung sonst keine Rolle. Sein Status kann also nur ungenau umrissen werden, doch scheint er am ehesten der nächste oder älteste Familienangehörige, das Familienoberhaupt[1], zu sein. Zu vergleichen ist z.B. Ḫatt III 25[2] [(nu-mu ^{m}Ar-ma-^{D}U-aš) k(u-it iš-ḫa-na-aš an-tu-uḫ-ša-aš e-eš-ta)] "weil mir Armadatta ein Mann des Blutes war . . . ". Wenn 'Mann des Blutes' einen Blutsverwandten bezeichnet (und das war Armadatta gegenüber Ḫattušili III., nämlich der Vetter seines Vaters), so dürfte wohl ešḫanas išḫaš ebenfalls einen Blutsverwandten benennen, nur eben einen, der noch höher im Rang steht als der einfache 'Mann' (FRIEDRICH, AO 24.3 (1925) 22, Anm. 3, hält den 'Blutsherrn' für den Vorsitzenden des Gerichtshofes; ebenso W. EISELE, Telipinu-Erlaß 98; vgl. auch H. KRONASSER, Fs Friedrich 276: ". . . kann auch eine Art Sippenchef oder Richter gewesen sein").

Ursprünglich lag hier wohl die Pflicht des Familienoberhauptes zugrunde, den Tod eines Sippenangehörigen zu rächen. Später hatte bei verschiedenen Delikten, die mit dem Tode bestraft wurden, aber nur die Staatsgewalt (bzw. der König) das Recht, die Todesstrafe durchführen zu lassen. Bedeutet die Bestimmung des Telipinu-Erlasses, daß der 'Herr des Blutes' zwischen Hin-

---

1) So auch E. und H. KLENGEL, Die Hethiter 70; H. OTTEN, Fischer Weltgeschichte 123 "nächster Anverwandter$^{?}$".

2) H. OTTEN, Die Apologie Hattusilis III. Das Bild der Überlielieferung (StBoT 24, 1981) S. 18.

richtung oder Buße für den Straftäter entscheiden konnte, eine mittlere Entwicklungsstufe im hethitischen Recht, später als die archaische Verpflichtung zur Blutrache (auch KOROŠEC hält l.c. 200 für § 49 den Einklang mit der älteren Rechtsüberlieferung für wahrscheinlich) und früher als die durch den Staat geregelte Sühneleistung?

Ob der Delinquent - falls er am Leben blieb - vor dem Inkrafttreten von Telipinus Erlaß dem König zusätzlich eine Buße hatte zahlen müssen, bleibt unserer Kenntnis entzogen; der Satz LUGAL-_i-ma-apa_ _le_ _kuitki_ ist zu vieldeutig.

In seinem obengenannten Aufsatz bringt V. KOROŠEC einen kurzen chronologischen Abriß zur Durchführung der Todesstrafe bei den Hethitern, dem wir hier folgen wollen.
In der ältesten Zeit, vor Telipinu also, scheint es nur Todesstrafe ohne Wenn und Aber gegeben zu haben. Leute, die dem König zuwiderhandelten oder ihn betrogen, also Hochverrat begingen, wurden mit dem Tode bestraft; auch Sippenhaftung war möglich. Telipinus Neuerung war, daß die Strafe künftig allein den Schuldigen traf, nicht seine Angehörigen und nicht seinen Besitz. Angesichts der Zielrichtung des Telipinu-Erlasses scheint die Abschaffung der Kollektivhaftung aber vorerst nur die königliche Familie zu betreffen. Ebenso gilt Telipinus Gebot, der Zauberei Verdächtigte zum Tor des Palastes zu bringen, andernfalls solle es dem, der dem zuwiderhandle, übel ergehen, wohl nur für die Mitglieder der Königsfamilie.

Die Hethitischen Gesetze, die in ihrer vorliegenden Form wohl jünger als Telipinu sind (auch die althethitischen "Originale"), geben als Gründe für Todesstrafe an: Mißachtung der königlichen und staatlichen (in der Person des [LÚ]DUGUD) Gerichtsbarkeit, für Sklaven Widerstand gegen den Herrn, weiter die Entwendung eines Bronzespeers vom Tor des Palastes (wohl ein Symbol der königlichen Gewalt).

Ferner für Sodomie (wobei der König den Schuldigen aber auch begnadigen konnte), für Blutschande, Vergewaltigung, Ehebruch der Frau (auch hier galt das Begnadigungsrecht des Königs).

Auch Zauberei wurde wohl mit dem Tode bestraft (ausgedrückt dadurch, daß dieses Vergehen vor das Königsgericht gehörte); ausdrücklich ausgesprochen wird dies für Sklaven, die eine Schlange töteten und dabei den Namen eines Menschen nannten.

Andere Androhungen der Todesstrafe beziehen sich auf bestimmte Personenkreise.

Der Ḫuqqana-Vertrag z.B. wendet sich an einen Vasallen, dem Geschlechtsverkehr mit Schwestern oder Kusinen seiner hethitischen Frau untersagt wird (natürlich gilt diese Regel genau so gut für Hethiter).

Wichtig für das Verhalten der Angestellten im Königspalast ist die Instruktion KUB XIII 3, wobei oberstes Gesetz die kultische Reinheit des Königs ist. Küchenpersonal, Lederarbeiter und Wasserträger werden bei Nichtbeachtung ihrer Pflichten hingerichtet, meist mit ihren Familienmitgliedern.

Eine andere Instruktion (KUB XIII 4) regelt die Aufgaben von Tempelangehörigen inklusive des Küchenpersonals, Bauern, Rinder- und Schafhirten der Götter.

Einen ungehorsamen Sklaven kann (falls er nicht verstümmelt wird), die Todesstrafe treffen, bisweilen auch seine Angehörigen. Für einen Priester steht der Tod auf Aneignung von Gütern, die als Opfer vorgesehen waren; auf Nachlässigkeit bei der Beaufsichtigung der nächtlichen Wache im Tempel sowie bei fahrlässig verursachtem Feuer im Tempel; auch auf verspätete Rückkehr an seinen Arbeitsplatz.

Für das Küchenpersonal verbindlich ist vor allem kultische Reinheit; bewußtes Verschweigen eigener Unreinheit zieht die Todesstrafe nach sich. Tempelbauern, die dem Tempel größere Abgaben (Pflugochsen, Kalb, Lamm o.ä.) vorenthalten, begehen ebenfalls ein Kapitalverbrechen.

Todesstrafe steht auch auf Betreten eines hethitischen Tempels durch einen Fremden.

Der Beamteneid KUB XIII 7 enthält auch eine Bestimmung über Justizirrtum. Wer den König zu einem solchen bewogen hatte, wurde ebenfalls getötet.

Als Resümee zu all diesen Einzelbestimmungen stellt KOROŠEC (l.c. 210) fest: "Die Entwicklung von der Zeit Ḫattušilis III. bis zur Einführung der späten Dienstinstruktion KUB XIII, 4 legt Zeugnis ab vom ständigen Streben nach größerem Fortschritt. In den Hethitischen Gesetzen war die Entwicklung schneller als in den Dienstinstruktionen."

4. Zur Thronfolgeordnung

Im ganzen wie im Detail hat der Telipinu-Erlaß seit seinem Bekanntwerden unzählige Fragen aufgeworden und Theorien hervorgebracht. So geht die Annahme einer Legalisierung der Erblichkeit der Königswürde auf den Paragraphen 28 zurück (z.B. GOETZE, Kleinasien 81). Als Vorläufer der Erbfolge nach Telipinus Vorschrift gelten entweder das Wahlkönigtum[1], die Thronfolge mittels Designierung durch den König allein[2] oder die sogenannte matrilineare Erbfolge[3].

In seinem Aufsatz "The Hittite Assembly" (JAOS 102.440ff.) kann G. BECKMANN widerlegen, daß die ersten Könige der Hethiter die Zustimmung des <u>panku</u> brauchten, also ein Wahlkönigtum bestand. Nachdem er nachgewiesen hat, daß der <u>panku</u> eben nicht eine "Adelsversammlung" war (s. oben S. 79), gibt er einige Beispiele für die Entscheidungsfreiheit des Königs gegenüber dem <u>panku</u>. Für die althethitische Zeit ist besonders KUB I 16 (HAB) wichtig: "There is no internal evidence in the Bilingual Succession Edict that the listeners are requested to advise the ruler or to ratify the choice of a new successor, but they are rather presented with the decision of the king to replace

---

1) Vor allem von GOETZE, Kleinasien 81, befürwortet; aber auch noch von T. BRYCE, The Major Historical Texts of Early Hittite History 112, angenommen.

2) Z.B. SOMMER, HAB 210; OTTEN, Fischer Weltgeschichte 123; E. und H. KLENGEL, Die Hethiter 70; unentschieden zwischen Wahlkönigtum und Designierung durch den König GURNEY, The Hittites 63.

3) K.K. RIEMSCHNEIDER, Thronfolgeordnung, passim; dagegen S.R. BIN-NUN, THeth 5, bes. 11-29.

his nephew Labarna with his grandson Muršili" (S. 440). Ähnliches hatte schon F. SOMMER, HAB 210, ausgesprochen: "Gewiß aber ist, daß im Punkte der Thronfolge der König allein bestimmt und die Untertanen mit der Designierung des Muršili vor eine vollendete Tatsache stellt, bei der sie ebensowenig um ihre Zustimmung gefragt werden wie vorher bei der des jungen Labarna I 3 und bei dessen Wiederabsetzung."

Für die mittelhethitische Zeit erwähnt BECKMAN (l.c. 441) das Thronbesteigungsprotokoll KUB XXXVI 109, wo der *panku* (Z. 7') erst nach den Brüdern und Schwestern des neuen Königs genannt wird unter den Gruppen, die den Herrscher anerkennen sollen. Im übrigen ist KUB XXXVI 109.5'f. wohl zu lesen: *ka-a-ša* *A-NA* DUMU^{MEŠ}.LUGAL *iš-tar-na* DIN[GIR^{MEŠ} (X)] 6'[(X) LUGA]L-*u-iz-ni* *lam-ni-ir*, woraus hervorgeht, daß man die Erwählung eines neuen Königs letztlich auf die Götter zurückführte, der *panku* dies aber nur anzuerkennen hatte.
Für die Zeit des hethitischen Großreiches führt BECKMAN dann aus (l.c. 441f.), daß bei der Ermordung Tutḫaliyas des Jüngeren und der anschließenden Thronbesteigung Šuppiluliumas I. der *panku* nicht die geringste Rolle spielte, ebenso bei der Usurpation Ḫattušilis III., der seinen Neffen Urḫi-Tešup absetzte. Auch Šuppiluliuma II. scheint ohne Mitwirkung des *panku* nach seinem Bruder Arnuwanda III. den Thron bestiegen zu haben.

Es ist klar, daß nach Einführung des Erbkönigtums durch Telipinu - wenn man es einmal so nennen will - der *panku* auf keinen Fall ein Wahlkönigtum hätte praktizieren können, aber zumindest eine formale Mitwirkung hätte man sich doch auch in späterer Zeit noch erwarten können (selbst wenn man in Rechnung stellt, daß soziale Begriffe und Funktionen im Laufe der Zeit absinken können). So kann man nur BECKMAN (l.c. 442) zustimmen, der feststellt: "Thus there is no evidence that the Hittite assembly possessed the right or the responsibility of electing the monarch." Und wenn der panku (als Gremium) nichts mit der Wahl des Königs zu tun hatte, so noch viel weniger die zu keiner Gruppierung zusammengeschlossenen Adligen. Ein Wahlkönigtum nach germanischem Brauch hat bei den Hethitern demzufolge nie bestanden; schon in HAB (1938) hatte SOMMER erklärt (S. 202): "Als politisch bemerkenswert betrachte ich vor allem das Negative, daß auch die jetzt vorgenommene Durcharbeitung der Urkunde nichts von Spuren eines ehemaligen Wahlkönigtums ergeben hat."

Die zweite Art von Erbfolge, die für die hethitischen Könige vor Telipinu in Anspruch genommen wird, ist die sogenannte matrilineare; nach der Formulierung von K.K. RIEMSCHNEIDER[1]: "der jeweils regierende König hätte im Normalfall der Sohn der Schwester des vor ihm regierenden Königs sein sollen." In seinem Aufsatz schließt sich RIEMSCHNEIDER - mit einigen Modifizierungen - den Ausführungen des russischen Gelehrten G.I. DOVGJALO zu diesem Thema an. Ausgangspunkt für DOVGJALO und RIEMSCHNEIDER war, daß laut KUB I 16 für die Nachfolge Ḫattušilis zunächst Labarna, der Sohn seiner Schwester, vorgesehen war und nicht etwa Ḫuzziya, der Sohn Ḫattušilis, oder Muršili (den RIEMSCHNEIDER für einen leiblichen Sohn, nicht einen Enkel hält). Ḫattušili selbst war der "Brudersohn der Tawananna". Nach der

1) Die Thronfolgeordnung im althethitischen Reich, in: Beiträge zur sozialen Struktur des Alten Vorderasien, hrsg. von H. KLENGEL (1971) 80.

Besprechung der Erbfolge der hethitischen Könige bis zu Telipinu kommt RIEMSCHNEIDER zu dem Schluß (l.c. 98): "Wir können also sagen, daß das matrilineare Thronfolgeprinzip in der Zeit von Ḫattušili bis Telepinu virtuell existiert hat, wenn auch in ständiger Auseinandersetzung mit den Verfechtern der patriarchalischen Thronfolge."

Bei den vielen Ausnahmen von der angenommenen Regel ist aber durchaus nichts bewiesen; man könnte diese Abfolge genau so gut für das patriarchalische Prinzip heranziehen. Da G. BECKMAN l.c. 435, Anm. 2, eine Arbeit über die matrilineare Erbfolge im althethitischen Reich ankündigt, soll hier auf weitere Diskussion verzichtet werden.

Statt dessen nur einige richtige Beobachtungen von S.R. BIN-NUN in ihrem Buch "The Tawananna in the Hittite Kingdom" (THeth 5). Anitta, der König von Kuššara, mag er nun Hattier oder Hethiter gewesen sein, bezeichnet sich ausdrücklich als Sohn des Pitḫana, der ebenfalls König war. Also war auch schon vor Labarna die Erbfolge Vater - Sohn in Anatolien üblich (S. 27). Weiterhin erwähnt Frau BIN-NUN den Text über Zalpa, KBo III 38[1], wo drei aufeinander folgende Könige als <u>ABI ABI</u> LUGAL, <u>ABI</u> LUGAL und LUGAL-<u>uš</u> bezeichnet werden (l.c. 27 mit Anm. 63): "This is a striking illustration of patrilineal succession in the early Hittite Kingdom." Ḫattušili, "der Tawananna Brudersohn", kann ebenfalls keinen Beweis für die matrilineare Erbfolge liefern, denn: "This, again, does not fit the custom or rule of matrilineal succession, according to which

---

1) H. OTTEN, Eine althethitische Erzählung um die Stadt Zalpa, StBot 17 (1973), Text B.

it is the maternal uncle whose office passes on to his sister's son and not the paternal aunt who is mentioned here" (l.c. 26). All dies sollte eigentlich genügen, um die Theorie von einer matrilinearen Erbfolge, die auf einem einzigen Umstand, nämlich der vorgesehenen Thronfolge Ḫattušili - Labarna, beruht, ein für allemal aus der Welt zu schaffen.

Bleibt nur noch die Thronfolge per Designation. Und auch hier handelt es sich um einen Einzelfall, um Ḫattušili I. Er hatte einen Sohn, Ḫuzziya, der sich gegen seinen Vater auflehnte und dann von der Bildfläche verschwand. Gut möglich, daß er getötet wurde; KUB I 16 ist zu bruchstückhaft erhalten, um Genaues aussagen zu können. Der Neffe Labarna wurde adoptiert (demnach hatte Ḫattušili wohl keinen weiteren Sohn) und wieder fallengelassen, als er sich zu sehr von seiner Mutter gegen seinen Adoptivvater beeinflussen ließ. Daß Ḫattušili nicht einen weiteren Sohn seiner Schwester als Erben annahm, war nach diesem Vorfall wohl verständlich. Also adoptierte er einen Sohn seiner Tochter, Muršili, der zudem den Vorzug hatte, sehr jung und damit noch in der gewünschten Richtung erziehbar zu sein. Ob die Mutter Muršilis identisch ist mit der Tochter Ḫattušilis, von der der König schließlich sagt (HAB III 24f.): "Sie [hat] mich [nicht] Vater (25) [genannt,] ich nenne sie nicht meine Tochter", ist ungeklärt, aber aus psychologischen Gründen nicht sehr wahrscheinlich.

Ḫattušilis Vorgehen in dieser Lage ist singulär und durch die besonderen Umstände des Verhaltens seiner Familie erzwungen; vielleicht war die Adoption für ihn der einzige legale Ausweg, Ansprüchen seiner weiblichen Verwandten aus dem Wege zu gehen. Von einer "freien Designation des Würdigsten durch den Herrscher" (OTTEN, Fischer Weltgeschichte 123) kann man hier kaum sprechen.

Und es ist auch keineswegs zu beweisen, daß Telipinu mit seinem Erlaß eine neue Thronfolgeordnung[1] installieren wollte. Genau so gut möglich ist, daß er eine schon immer geübte Praxis schriftlich fixierte einschließlich der Bestimmung, daß auch eine Tochter den Thron erben konnte, falls kein männlicher Nachfolger da war. (Die Möglichkeit, daß es überhaupt keinen Thronerben gab, wurde zu dieser Zeit offenbar nie bedacht; erst beim Wechsel von Arnuwanda II. zu Muršili II. wurde dieses Thema aktuell).

Nachdem nun nichts für Wahlkönigtum, nichts für matrilineare Thronfolge und auch fast nichts für Designation durch den König (als allgemein übliches Verfahren) spricht, sollte man doch die sowohl im alten Anatolien als auch bei den Indogermanen gehandhabte Erbfolge vom Vater auf den Sohn als das primär Gegebene betrachten.

---

1) Von "Neuregelung der Thronfolge" spricht z.B. H.G. GÜTERBOCK, Neues Handbuch der Literaturwissenschaft 221.

5. Zur Sprache des Telipinu-Erlasses

Telipinu ist einer der letzten Könige des althethitischen Reiches. So liegt es nahe, auch die Sprache seines Erlasses als althethitisch zu betrachten. Doch schon E. FORRER, 2 BoTU (1926) 12*, hatte die Feststellung getroffen, daß die Sprache des Textes "schon dem Neu-Kanisischen näher" stehe "als dem Alt-Kanisischen" (so die damalige Terminologie; gemeint ist das Alt- und Junghethitische). Und auch E. H. STURTEVANT und G. BECHTEL geben bei ihrer Bearbeitung des Erlasses (Hittite Chrestomathy 194) an: "In spite of its early date the proclamation of Telipinus differs but little in language from the documents composed under the later monarchy. No doubt its great legal importance led to frequent copying and consequent modernization."

Nach dem in der Einleitung zur Textüberlieferung Gesagten (S. 7f.) kann man jetzt immerhin zwei Entwicklungsstadien des Textes (in hethitischer Sprache) festlegen:

1. Text B und G wurden wahrscheinlich in den späteren Jahren Muršilis II. abgeschrieben und enthalten noch einige ältere Formen, die in den jüngeren Abschriften nicht mehr vorhanden sind.

2. Die restlichen Fragmente des Erlasses dürften zur Zeit Tutḫaliyas IV. niedergeschrieben sein; ob vielleicht das eine oder andere noch später datiert, läßt sich nicht nachprüfen. Zu dieser Zeit waren offenbar Ausdrücke wie <u>ammel</u> EGIR-<u>an</u> hoffnungslos veraltet und wurden durch <u>ammuk</u> EGIR-<u>anda</u> ersetzt. (Ein

ähnliches Verfahren wie bei Luthers Bibelübersetzung, wo im Laufe der Jahrhunderte einiges der fortschreitenden Sprache angepaßt wurde).

Heute läßt sich sagen, daß der hethitische Text eine Übersetzung aus dem Akkadischen darstellt; Beweis: das nur noch als offenbar unverstandenes Relikt mitüberlieferte ajjī gabbī (IV 15/7', 22/14') sowie das mißverstandene KUR.KUR-tim a-na ZAG A.AB.BA e![-pu-uš in KUB III 85 I 8, das in der hethitischen Fassung als n=uš arunaš irhuš iet erscheint, s. S. 13, Anm. 4. epēšum in der Spezialbedeutung "(eine Stadt) machen - erobern" ist bisher nur im Altbabylonischen Māris sowie in El Amarna bezeugt. Ob der Schreiber/Übersetzer die seltene Spezialbedeutung hier nicht erkannte oder sie ihm überhaupt nicht geläufig war, spielt nur eine untergeordnete Rolle. Es bedeutet jedenfalls, daß die akkadische Fassung die primäre war. Das ist zugegebenermaßen etwas wenig, aber doch eindeutig, und erfüllt so die Forderung GÜTERBOCKs, bei der Frage nach der ursprünglichen Fassung zweisprachiger Texte des Alten Reiches diese Frage für jeden Text einzeln zu untersuchen (Neues Handbuch der Literaturwissenschaft 217).

Wenn man nicht annehmen will, daß der akkadische und hethitische Text zur gleichen Zeit entstanden sind (weshalb aber dann der akkadische, wenn nur Innerhethitisches berührt wird, und weshalb überhaupt eine Übersetzung vom Akkadischen ins Hethitische?), welcher Abstand liegt dann zwischen beiden Fassungen? Doch wohl mindestens ein bis zwei Generationen, das heißt zwischen dreißig und fünfzig Jahren. Damit befinden wir uns aber bereits an der Wende von der althethitischen Zeit zur junghethitischen oder, wenn man so lieber will, am Beginn des

Neuen Reiches. Natürlich bedeutet ein politischer Neubeginn nicht auch notgedrungen eine radikale Sprachänderung, aber man geht wohl nicht fehl, wenn man annimmt, daß die hethitische Urfassung ein Hethitisch war, das nicht mehr althethitisch, aber auch noch nicht rein junghethitisch zu nennen ist. šu z.B. ist noch vertreten, aber längst nicht mehr so häufig wie in einem althethitischen Text (vgl. z.B. H. OTTEN, StBoT 17; daß gerade šu sich fast immer in Abschriften erhielt, zeigt der Text B = KBo III 38, wo nur einmal šu durch nu ersetzt wurde. Auch die Palastchronik (CTH 8), die in jungen Abschriften auf uns gekommen ist, bewahrt das šu).

Nach A. KAMMENHUBER[1)] umfaßt die althethitische Sprache die Periode von Ḫattušili I. (und Vorgänger Labarna I.) (ca. 1650 bzw. 1590) bis zu Telipinus Nachfolger Alluwamna (ca. 1500 bzw. 1440). Mit dem Mindestansatz von dreißig bis fünfzig Jahren zwischen akkadischer Fassung und hethitischer Übersetzung kommen wir damit wohl über die althethitische Sprachperiode hinaus.

Da es bis jetzt keine Grammatik der althethitischen Sprache[2)] gibt (und wohl auch bis auf weiteres nicht geben wird), sei hier für Kennzeichen alter Sprache generell verwiesen auf F. SOMMER, HAB (1938); A. KAMMENHUBER, KZ 83 (1969) 256ff. sowie HW^2 passim; H. OTTEN - V. SOUČEK, StBoT 8 (1969); E. NEU,

1) Die Sprachstufen des Hethitischen, KZ 83 (1969) 258, 280.

2) A. KAMMENHUBER, KZ 83.263: "Als Faustregel für die Unterscheidung von archaisierenden späthethitischen Texten Tutḫaliyas IV.-Arnuwandas III.-Šuppiluliumas II. gegenüber althethitischen von (vor) Ḫattusili I. bis nach Telipinu und frühjunghethitischen der Vorgänger Šuppiluliumas I. gilt logischerweise folgendes: altheth. Texte enthalten nur altheth. Sprache."

StBoT 12 (1970); H. OTTEN, StBoT 17 (1973); E. NEU, StBoT 18 (1974); F. STARKE, StBoT 23 (1977); N. OETTINGER, Stammbildung (1979); E. NEU, StBoT 26 (1983). Ein Überblick über die althethitischen Texte findet sich bei A. KAMMENHUBER, Fs Diakonoff 154ff.

Der Telipinu-Erlaß liegt uns aber nicht in seinem Urzustand, sondern nur in Abschriften vor, die nachweislich Änderungen vorgenommen haben. So ist es unmöglich zu unterscheiden, ob eine nicht mehr althethitische Form auf den Übersetzer aus dem Akkadischen oder auf einen der späteren Abschreiber zurück geht. Die Fragmente B und G dokumentieren immerhin noch den Zustand des Textes vor Tutḫaliya IV.

Leider gibt es kein hethitisches Schriftstück, das mit dem Telipinu-Erlaß ganz zu vergleichen wäre; HAB - in Handlung und Vokabular noch am ähnlichsten - ist zu stark zerstört, um viel damit anfangen zu können (z.B. ist kein einziges šu erhalten).

Bedingt vergleichen könnte man die althethitische Erzählung von der Stadt Zalpa (StBoT 17), den Anitta-Text (StBoT 18) und die Ḫattušili-Annalen KBo X 2, deren hethitische Fassung allerdings der Sprache nach junghethitisch ist[1].

Beim Vergleich dieser Texte stellt sich heraus:

---

1) So z.B. H. OTTEN, MDOG 91 (1958) 84; A. KAMMENHUBER, KZ 83 (1969) 264f.; H.C. MELCHERT, JNES 37 (1978) 1 22, der aber darauf besteht, daß einige althethitische Formen erhalten geblieben sind; ebenso H.G. GÜTERBOCK, Neues Handbuch der Literaturwissenschaft 218.

Häufigkeit von *šu* und *nu*: StBoT 17 19 *šu* / 30 *nu*; StBoT 18 7 *šu* / 16 *nu*; KBo X 2 1 *šu* / 58 *nu*; Tel 3 *šu* / 120 *nu*

takku: StBoT 17 2; StBoT 18 0; KBo X 2 0; Tel 3

mān "als, sobald" (temporal): StBoT 17 6; StBoT 18 5; KBo X 2 0, nur *maḫḫan*; Tel 15

-*za* (sog. Reflexivpartikel[1]): StBoT 17 4; StBoT 18 0; KBo X 2 6; Tel 12

Längere Enklitikaketten mit drei und mehr Enklitika: StBoT 17 0; StBoT 18 0; KBo X 2 4; Tel 8

Im ganzen gesehen steht der Telipinu-Erlaß demnach KBo X 2 näher als den beiden althethitischen Texten StBoT 17 und 18; die Verwendung von *šu* und *takku* verbinden ihn aber enger mit ihnen als mit den Ḫattušili-Annalen (das eine *šu* dort (I 4) sieht so aus, als habe man archaisieren wollen, es dann aber wieder vergessen). Möglicherweise sind die längeren Enklitikaketten und das häufigere -*za* durch die Abschreiber verursacht.

Da wir mindestens drei Sprachstufen, nämlich die Übergangsphase althethitisch/frühjunghethitisch, die Zeit Muršilis II. (?) und die Zeit Tutḫaliyas IV. im Telipinu-Erlaß vereint haben, scheint es müßig, entscheiden zu wollen, was in der Urfassung stand und was erst zur Zeit der Niederschrift von B und G dazukam. Selbstverständlich ist es derzeit nicht möglich, sämtliche Wörter des Telipinu-Erlasses auf ihre zeitliche Entwicklung hin zu überprüfen; das weitere Fortschreiten von HW^2 und CHD wird eine solche Untersuchung jedoch eines Tages ermöglichen.

---

1) Nach A. KAMMENHUBER HbOr 213 kommt sie in althethitischen Texten nur sehr spärlich vor; s. Genaueres bei -*ašta* III.2, HW^2 433.

V. Wortuntersuchungen

1. ilaššar

Die neueste Zusammenfassung der angenommenen Bedeutungen von ilaššar/ileššar bringt J. TISCHLER, Hethitisches Etymologisches Glossar (IBS 20) 355. Er gibt an: "Vorhersage, Omen"; "Meinung, (guter) Ruf, Ansehen"; "Fruchtbarkeit (?)". Die frühere Verbindung mit ilan(a)- "Stufe, Treppe (?)" erscheint ihm bedenklich, auch aus phonologischen Gründen.

Auf den ersten Blick scheint es in der Tat fast unmöglich, sich alle diese Bedeutungen als aus einer Wurzel entstanden vorzustellen. Da aber weder ilan(a)- noch ileššar jemals durchgehend auf ihren Kontext hin überprüft wurden, könnten sich noch einige semantische Verschiebungen ergeben.

Fernzuhalten ist erst einmal ila- c., eine Art Krankheit, s. TISCHLER IBS 20.353 nach C. BURDE, StBoT 19 (1974) 42, 44, die hierfür bereits die Bedeutung "Stufe, Treppe" ablehnt. Dieses ila- ist bis jetzt sicher in KUB XXIX 1 I 46 (N. Sg.) und KBo XXI 20 I 15 (A. Sg.) belegt; zu fragmentarisch KUB XV 42 I 6, KBo XXII 156 I 11'. Das von F. SOMMER, HAB 140, Anm. 2, angenommene i-li in KBo III 8 II 6, 8 ist eine der gar nicht so seltenen Fehlschreibungen für DUMU-li. Schon SOMMER stellt hier ilaššar und ilan(a)- zusammen und erwägt als Grundbedeutung der Wurzel beider Wörter "(auf)steigen(?)".

Um sich bei ilaššar/ileššar festlegen zu können, empfiehlt es sich, wie SOMMER vorzugehen und zuvor ilan(a)- zu klären. ilan(a)-, öfter auch mit GIŠ determiniert, heißt etwa "Stufe, Treppe", nach TISCHLER IBS 20.354 möglicherweise auch "Teppich".

Im Singular scheint nur der D.-L. belegt zu sein:

KUB I 1 IV 39f. (Ḫatt)

^{D}IŠTAR-ma-mu-kán GAŠAN-I̯A i-la-ni i-la-ni (40) nam-ma ti-iš-ki-it "Ištar, meine Herrin, aber setzte mich jeweils Stufe um Stufe ein" (Übers. H. OTTEN, StBoT 24.27). Ebenso das sehr fragmentarische VBoT 44.8']i̤-lạ$^{?}$-ni i-la-ni x[;

KUB XLI IV 7'f.

nu ZAG-za ku-it ḫar-zi na-at iš-ta-n[a-ni] (8') ša-ra-a ^{GIŠ}i-la-ni da-a-i "Was er mit der Rechten hält, das legt er auf den Alt[ar] auf der Stufe."

Am häufigsten ist der D.-L. Pl.:

KBo X 35 VI$^{?}$ 4'f.

LUGAL-uš pa-iz-zi ^{D}Me-iz-zu-ul-la-aš (5') ^{GIŠ}i-la-na-aš pí-ra-an ti-i̯a-zi "Der König geht und tritt vor die Stufen/Treppe der Göttin Mezzulla."

KBo XXII 194 lk. 9'f.

[^{LU}ALAM.]ZÚ ^{GIŠ}i-la‹-na-›aš (10') [pí-ra-a]n ti-i-e-zi "der A. tritt [vor] die Stufen/Treppe."

KBo XXV 187 II 8'

LUGAL-uš ^{D}UTU i-la-na-aš t[i$^{?}$-ia-zi "der König t[ritt] zu den Stufen/der Treppe des Sonnengottes."

KUB XX 46 III 9f.

nu LUGAL-uš i-la-na-aš (10) pí-ra-an ti-i-e-iz-zi "der König tritt vor die Stufen/Treppe."

KBo XXIII 75 I 8'ff.

ḫa-ap-pu-ri-aš-m[a] (9') [^{GIŠ}i-]la-na-aš pi-ra-an (10') [ka-r]u$^{?}$-ú iš-pár-ra-an-za "Das Wiesenkraut (o.ä.) ab[er] ist (schon) [früh]er vor den [St]ufen/der [Tr]eppe hingebreitet." Entgegen TISCHLER IBS 20.167 ist nicht ein Neutrum *_ḫapuri-i̯ant-_ "Graswuchs, Pflanzenwuchs" anzusetzen, sondern ein genus commune _ḫappurii̯a-_. Daher kann sich in KUB XXIV 7 II 51, 58 das vorausgehende _ḫuelpi_ (n.) nicht auf _ḫappurii̯an_(_na_) beziehen, sondern muß eine eigene Bedeutung haben, etwa "frisches Grün".

KUB XX 46 III 5ff.
nu GAL DUMU^{MEŠ}.É.GAL (6) i-la-na-aš pí-ra-an (7) ḫa-ap-pu-ur-ri-i̯a-an (8) iš-pa-a-ri "Der Große der Palastjunker breitet vor den Stufen/der Treppe Wiesenkraut aus."

KUB XX 46 III 14ff.
nạ-aš-kán ku-it-ma-an (15) i-la-na-aš ša-ra-a a-ri (16) tạ a-ru-ú-iš-ki-iz-zi-pát "Während er die Stufen/Treppe hinauf kommt, verneigt er sich ebenfalls immer wieder" (s. auch HW^{2} 216b).

Ebenso IBoT III 60 Rs.1ff.
[na-at-]kạ́n ku-it-ma-an ^{GIŠ}i-la-na[-aš] (2) [ša-ra-] ạ i-i̯a-an-da (3) [ta a-r]u-i-iš-kán-zi-pát "Während sie die Stufe[n]/Trepp[e] [hina]uf gehen, [vern]eigen sie sich ebenfalls immer wieder."

G.Pl./Sg.$^{?}$:

KBo XVIII 170a Rs.5

^{m}Šu-up-pí-lu-li-u-ma SAG.DU É i-la-na-aš "Šuppiluliuma, eine Person (=Angehöriger des Personals) des Treppenhauses".

KUB XXXI 86 II 13ff. (v. SCHULER, HDA 43)

(nam-ma) KÁ.GAL$^{ḪI.A-TIM}$ lu-uš-ta-ni-ịa-aš i-la-na-aš SAG.DU^{MEŠ}-i[š] . . . (15) [PAP$^{?}$-a]n-du "ferner sol[l] das Personal der Tore, der Wachtstuben$^{?}$, der Treppe . . . . [schütz]en$^{?}$."

Als nähere Bezeichnung eines Kleidungsstückes:

KBo XVIII 181 Vs.3

3 TÚG.GÚ ḪUR-RI i-la$^{!}$-na-aš Š[À.]BẠ 2̣ ḪAŠ-MAN-NI 1 LÍL-aš

Vs. 21 5 TÚG.GÚ ḪUR-RI i-la-na-aš ŠÀ.BA 3 ḪAŠ-MAN-NI 2̣[

S. KOŠAK, THeth 10.118f. transkribiert idunaš (idu$^{!}$naš) und übersetzt (S. 121): "3 Hurrian dinner shirts, thereof 2 purple, 1 of the field." Doch ist die Ableitung von ed-/ad- unwahrscheinlich, warum sollte ein "dinner shirt" für das Feld bestimmt sein? Eher wohl ein "hurrisches Stufenhemd" (muß man sich das so ähnlich vorstellen wie das Falbelgewand des Gottes Šamaš auf der Gesetzesstele Ḫammurabis?[1])).

Fragmentarisches:

KBo VIII 116.5' [LU]GAL SAL.LUGAL ^{GIŠ}i-la-na-aš x[; 8' ^{GỊŠ}i-la-ṇa-ạš[;

1) S. z.B. B. HROUDA, Vorderasien I (1971), Abb. 72.

KBo XXVII 39.6' i-la-na-aš[;

KUB LI 35 Vs.$^{?}$ 4']x ^{GIŠ}i-la-na-aš;

KUB LI 70 III$^{?}$ 8' na̤-at $^{\text{GI̤Š}}$i̤-la-na-aš[;

IBoT III 12 Rs. 5' Š]A$^{?}$ ^{D}UTU i-la‹-na-?› aš (oder zu ila-?).

Das Material ergibt, daß man hier überall mit der Bedeutung "Stufe" (Sg.), "Stufen/Treppe" (Pl.) durchkommt. Für "Teppich" gibt es keinen Beweis. Der Stamm ist ohne weiteres als ilana- c. anzusetzen. Abzulehnen ist hingegen GOETZEs Ansicht Ḫatt 102, daß ilani adverbial gebrauchter Dativ zu *ilatar sei; er müßte dann *ilanni lauten. Allem Anschein nach hat es nie ein Substantiv *ilatar gegeben; was so aussieht, ist in fast allen Fällen verschriebenes DUMU-latar. Das von GOETZE l.c. genannte KUB VII 53 IV 2 (in völlig zerstörtem Kontext) könnte z.B. auch tar-ḫu-]i-la-tar zu ergänzen sein.

Das Verbum elaniịa- (nur als Dur. elanešk- bezeugt) findet sich ausschließlich im Tunnawi-Ritual (CTH 409). GOETZE, Tunn 77, stellt es zu ilana-, allerdings nimmt er den Stamm *ilatar an, mit der Bedeutung "abundance". In seiner Übersetzung (Tunn 11ff.) gibt er für elanešk- "burden (?)" an, für appa elanešk- "unburden (?)". Danach HW 40f. "belasten" und "entlasten (?)" (GURNEY, AAA 28, 44, erwog auch "ausarbeiten, genau beschreiben").

Laut GOETZE, l.c. 77, ist der Wechsel e/i kein Hindernis für einen Anschluß an den Stamm *ila-. Allerdings kann man hier nicht mit einem kausativen, sonst nicht belegten Formans -nii̯a- (so H. KRONASSER, EHS 568) rechnen. elanii̯a- muß von einem Substantiv e/ilana- abgeleitet sein, für das jedoch "Stufe" nicht recht paßt. So wird man ein Wort annehmen, das die Grundbedeutung "ein Gegenstand, der ansteigt" hat; das kann eine "Stufe" sein, aber auch ein "Hügel, Haufen" und dergleichen.

Wenn wir nun elanii̯a- von "Haufen" ableiten, läßt sich der bei GOETZE, Tunn 11ff. nur unbefriedigend geklärte Passus besser deuten. Hier der in Frage stehende Text:

KUB VII 53 II 8ff. (§ 14)

8 EGIR-ŠU-ma-aš-ši-kán 2 TI-I̯A-DU še-ir e-ip-zi nu ki-iš-ša-an
9 me-ma-i ku-i-e-eš ALAM-ŠU ḫa-aš-ta-i mi-i-lu!-li ki-e-iz
10 pa-ap-ra-an-na-az ti-i̯a-ni-eš-kir e-la-ni-eš-kir ki-nu-na
11 pa-ap-ra-an-na-aš al-u̯a-zé-na-aš ALAM-ŠU ḫa-aš-ta-i mi-i-lu-
12 ka-a-ša EGIR-pa ti-i̯a-ni-eš-ki!-mi! e-la-ni-eš-ki-mi ú-li
13 nu-uš-ša-an TI-I̯A-DU pád-da-ni da-a-i

"Danach aber hält sie (die Alte Frau) über ihn (den Opfermandanten) 2 tii̯adu[1] und spricht folgendermaßen: 'Welche (es auch sind, die) seine Gestalt, Knochen (und) Fleisch? immer wieder mit dieser Befleckung belegt[2] (GOETZE "were cramming") (und) überhäuft (GOETZE "burdening") haben, siehe, jetzt werde ich immer wieder des (Opfers) der zauberkräftigen Befleckung (frei-

---

1) Drogenpflanze, s. AHw 1357a; GOETZE, l.c. 53f., hält das für "some implement or container", eventuell ein genuin hethitisches Wort.

2) Analoge Bildung wie elanii̯a-; zu dai- "setzen, stellen, legen"; *tii̯ana- etwa "(Auf)lage, Decke"; tii̯anii̯a- "belegen, bedecken" (zum Suffix -na- s. H. KRONASSER, EHS 181ff., bes. S. 182).

schwebender G.) Gestalt (wörtlich: seine Gestalt), Knochen (und) Fleisch?, wiederum belegen und überhäufen.' Und sie legt die _ti̯adu_ in den Korb?."

In KUB VII 53 II 15ff. heißt es dann:

ku-u-un an-tu-uḫ-ša-an ku-i-e-eš (16) pa-ap-ra-aḫ-ḫi-iš-kir ki-nu-na ka-a-ša al-u̯a-zé-nu-uš 2 še-nu-uš (17) ḫar-mi nu ka-ạ-šạ ku-u-un tị-i̯a-ni-eš-ki-mi e-la-ni-eš-ki-mi

"Diesen Menschen - welche (ihn) immer wieder befleckt haben, siehe, jetzt halte ich (sie) (in Form von) zwei zauberkräftigen Figuren - siehe, ich belege und überhäufe diesen immer wieder (damit)."

Bei dem angewandten Verfahren handelt es sich um einen Kontaktzauber, den z.B. G. WILHELM[1] sehr ansprechend definiert hat: "Beim Kontaktzauber wird durch Berührung des zu reinigenden Wesens oder Gegenstandes eine Ablösung der Unreinheit bewirkt, die dann zusammen mit der materia magica, in die sie übergegangen ist, unschädlich gemacht werden kann."

In diesem Fall heißt das: die Alte Frau legt auf die Befleckung, die den Opfermandanten - nach damaliger Anschauung durchaus stofflich - bedeckt, die Drogenpflanzen; diese nehmen die Unreinheit auf und werden dann beiseite gelegt; ebenso geht es mit den Ersatzfiguren; nach Aufnahme der Befleckung werden sie zerschmolzen.

1) Grundzüge der Geschichte und Kultur der Hurriter (1982) 97.

Da sich ilana- und elanii̯a- auf eine gemeinsame Wurzel *ila- zurückführen lassen, versuchen wir auch ileššar hier anzuschließen. ilaššar/ileššar ist nicht sehr häufig belegt, doch zumindest in der zweiten Form bis in das spätere Junghethitisch. Zwei Bedeutungen lassen sich unterscheiden: 1. "Ansteigen, Anwachsen, Aufstieg", 2. "Ernteertrag".

In KUB VI 3.6ff. geht es um ein KIN-Orakel zugunsten des Lebens des Königs:

DINGIR^{LUM} TI-tar ku-e-da-ni i-li-eš-ni uš-ki-ši (7) ka-ru-ú-uš-ši ku-e-eš MU$^{HI.A}$ a-ri-i̯a-še-eš-na-za me-ma-an-te-es (8) a-pí-e-da-ša-aš MU$^{HI.A}$-aš pa-ra-a TI-an-za

"Gottheit, in welchem Ansteigen/Anwachsen siehst du das Leben (=Lebenszeit)? (7) Welche Jahre ihm (schon) früher durch Orakel zugesagt worden (sind), (8) wird er über jene Jahre hinaus am Leben bleiben?"

KUB XXI 38 Vs. 55f.

ma-a-an te-ši LUGAL KUR ^{URU}Kar-an-du-ni-i̯a-aš-u̯a! (56) Ú-UL LUGAL[.GA]L nu-za ŠEŠ-I̯A KUR ^{URU}Kar-an-du-ni-i̯a-aš Ú-UL I-DI ku-e-da-ni-i̯a-at i-li-iš-ni

"Wenn du sagst: 'Der König von Babylonien ist kein [Gro]ßkönig', weiß mein Bruder vom Land Babylonien nicht, in welchem Aufstieg es (sich befindet)?"

Dieses ilišni hatte SOMMER, HAD 140, Anm. 2, mit "Rangstufe" übersetzt; ähnlich R. STEFANINI, Una lettera della regina Puduhepa 13: ". . . allora mio Fratello il paese di Babilonia non sa in quale grado (di potenza) esso (sia)." Um eine "Rangstufe" (die etwas Feststehendes ist) kann es sich hierbei aber nicht handeln, da Puduḫepas Briefpartner hierüber nicht hinreichend informiert ist, obwohl damals im diplomatischen Verkehr die formelle Grenze zwischen Großkönigen und gewöhnlichen Königen streng gezogen war. Es muß hier eine Erscheinung vorliegen, die dem Adressaten offenbar noch nicht geläufig war, und gerade das drückt das Wort "Aufstieg" zutreffend aus.

Die zweite Bedeutung "Ernteertrag" läßt sich nur vom Telipinu-Erlaß her bestimmen:

KBo III 1 III 47f.
nu-uš-ša-an i-la-aš-ni pa-ra-a n[(a-aš-šu 1 gi-pí-eš-ša)]r na-aš-ma 2 gi-pí-eš-šar (48) ḫa!-mi-in-ki-iš-ki-ir "Beim Ernteertrag pflegten sie darüber hinaus eine Elle oder zwei Ellen (48) zu 'binden' (= für sich zu reservieren)."

SOMMER, HAB 140, Anm. 2, hatte das wiedergegeben mit "über ihre rechtmäßige Macht, Befugnis hinaus". A. KAMMENHUBER, Mat. heth.Thes 4 (1975), Nr. 5, 57, übersetzt: "Um der Fruchtbarkeit willen pflegten sie entweder 1 Elle oder 2 Ellen (sc. Land) zu 'binden' " und interpretiert "Telipinu verbietet unter Todesstrafe einen bisherigen Brauch zur Fruchtbarmachung des Ackerlandes, der den Boden offenbar ruiniert hat."

A. GOETZE, NBr 32f., hatte in dem in Frage stehenden Satz einen alten Fruchtbarkeitszauber gesehen, was SOMMER, l.c. 140, Anm. 3, kategorisch ablehnte; für ihn war es eine "sehr weltliche Sache". KAMMENHUBER, l.c. 57, hält den Fruchtbarkeitszauber wegen des oft bei magischen Praktiken vorkommenden ḫamenk- sowie des hohen Strafmaßes für nicht unwahrscheinlich.

Wenn man sich den Zusammenhang des Satzes ansieht, so geht es im Telipinu-Erlaß vorher und nachher um das Siegeln von Besitztum, vor allem der "Siegelhäuser". Mit Fug und Recht kann man also auch hier eine Verfügung über "Siegelhäuser" erwarten. Frau KAMMENHUBERs Übersetzung "1 Elle oder 2 Ellen (sc. Land)" lenkt daher auf falsches Gebiet. Welchen Schaden kann man wohl anrichten, wenn man 50 bis 100 cm eines Feldes irgendwie unsachgemäß behandelt? Doch nur relativ geringen, der keineswegs die Todesstrafe nach sich ziehen kann. Nimmt man aber mit GOETZE einen Fruchtbarkeitszauber an, wieso saugt man damit "dem Land das Blut aus"? Außerdem ist gipeššar "Elle" ein Längen- und kein Flächenmaß, also nicht wie bei SOMMER (HAB 140) und KAMMENHUBER auf das Land zu beziehen.

Die Lösung muß vielmehr mit dem "Siegelhaus" zu tun haben, in dem Getreide eingelagert wurde, wie der Kontext ergibt. Wenn die Bauern oder die Verwalter dieser Häuser jeweils 50 bis 100 cm (in die Höhe gemessen) Getreide beiseite schafften, konnte das bei einer größeren Grundfläche des Lagerhauses schon einen beträchtlichen Schaden verursachen. Die Todesstrafe, die darauf steht, ist damit zu erklären, daß der Betreffende sich mit seinem Verhalten gegen den König vergeht, also Hochverrat begeht (s. auch oben S. 83).

ileššar ist auch im Plural belegt:

KUB XXXVI 77.6 SIG_5-u-ua i-li-eš-š[ar$^{HI.A}$ "gute Ernteerträge"; nicht "gute Fluten/Ansteigen (von Flüssen)", so HW^2 503b.

KUB XXXVI 89 Rs. 40'

^{D}U ^{URU}N]e-ri-ik ^{ÍD}Na-ki-li-ia-ta a-aš-ša-u-ua i-li-eš-šar$^{HI.A}$ pí-eš-tin "Wettergott von N]erik (und) Fluß Nakiliyata, gebt gute Ernteerträge"; nicht mit P. MERIGGI, RHA XVIII/67 (1960) 104 "donnez au fleuve N. de bonnes crues (?)" und nicht mit V. HAAS, KN (1970) 154f. "günstige Omina".

Die angenommene Bedeutung "Vorhersage, Omen" (HW 3. Erg. 16) beruht darauf, daß H. OTTEN einen Wechsel sah zwischen ileš-šar$^{\text{ḪI.A}}$ SỊG$_5$^{MEŠ} KUB XXXVI 89 Rs. 43' und ḪUL-lauu̯a GISKIM$^{\text{ḪI.A}}$ in Rs. 46'. Es spricht aber nichts dafür, daß beide Wörter identisch sein müssen. Dem Labarna sollen gute Ernteerträge gegeben werden, den Ländern des Feindes aber [Unter]gang$^{?}$ und schlechte Omina. Hinter GISKIM "Omen" steht vielmehr das hethitische Wort šagai- (A. KAMMENHUBER, l.c. 57).

Ein elašni in fragmentarischem Zusammenhang weist ferner KUB X 17 II 3' auf (das Duplikat KUB X 18 II 8' hat i-la-aš-n[i]. Ebenfalls fragmentarisch KBo XXIV 37 + KBo XXIX 91 I 17' (//KBo XXIX 92 Rs. 6'): e-la-aš-ni.

Auch die Bedeutung "Ernteertrag" kann man mit der von SOMMER angenommenen Wurzel il(a)- zusammenbringen. Pflanzen, die aufsteigen, "wachsen", und ileššar ist dann "das Ergebnis des Wachsens" wie ḫatreššar "das Ergebnis des Schreibens, Schreiben" von ḫatrai-[1]. Entgegen KAMMENHUBER, l.c. 57, läßt sich demnach $^{\text{(GIŠ)}}$ilana- durchaus etymologisch mit ilaššar/ileššar verbinden.

Bis jetzt ist kein Verbum *ela(i)-/ila(i)- "aufsteigen, wachsen" belegt, und es muß auch nicht unbedingt eines gegeben haben. Die Wörter ilana-, ilaššar, elanii̯a- gehören jedenfalls zusammen, möglicherweise zu der indogermanischen Wurzel el- 6. (POKORNY 306) "treiben, in Bewegung setzen; sich bewegen, gehen".

1) Zu den deverbalen -eššar-Abstrakta s. schon A. GOETZE, Madd 62f.

2. karši-

Gewöhnlich wird karši- nach HW 103a als "ungehemmt, unumwunden, klar und deutlich; ohne Zaudern, bedingungslos" angesetzt. J. FRIEDRICH, SV II 191a grenzt die Bedeutung, auf die Staatsverträge bezogen, zu "genau, sicher, getreu" ein. E. LAROCHE, RHA 28 (1970) 54 gibt dafür "franc, loyal" an, als eventuelle Ableitung vom Verbum karš- "abschneiden". Als Sonderbedeutung bringen V. HAAS und G. WILHELM in AOATS 3 (1974) 197 noch "sauer (?)" (vom Wein).

Fernzuhalten ist $^{\text{(UZU)}}$karši-, nach J. TISCHLER, Heth. Etym. Gl 522, wohl eine Art Fett, sowie die reduplizierte Bildung karšikarši-, die offenbar dasselbe bedeutet.

Alle genannten Bedeutungen für das Adjektiv karši- lassen sich jedoch nicht auf jeden der vorhandenen Belege anwenden. Der Stelle Tel II 29f. nu-uš LUGAL-uš kar-ša[-uš] (30) LÚ^{MEŠ} APIN.LAL i-i̯a-nu-un, ergänzt durch die Telipinu-Annalen KBo XII 8 IV 30, ist höchstens mit der Bedeutung "getreu" beizukommen, was aber nicht sehr gut für Leute paßt, die wegen Ermordung des abgesetzten Königs rechtmäßig zum Tode verurteilt wurden. O. CARRUBA, Fs Güterbock 75, übersetzt diese Stelle denn auch: "Ich, der König, machte sie zu guten Bauern." Dies scheint in der Tat die Grundbedeutung von karši- zu sein, "gut" in der Bedeutungssphäre von "richtig, gehörig, zutreffend".

karši-, das überhaupt nicht sehr häufig belegt ist, tritt meist als Adverb auf. Die wenigen bezeugten Adjektivformen sind folgende (außer Tel II 29f. und KBo XII 8 IV 30):

KBo IV 14 III 38f. (Šupp. II.) zi-ik-ma-za [LUGAL-]i kar-ši-iš (39) ÌR-iš e-eš "du aber sei dem [König] ein guter Diener!";

KBo XIII 204.10']x-ši an-da-an kar-ši-iš nu[;

KBo V 6 III 22, 24f. (DS) -mu kar-ši-in me-mi-an zi-ik EGIR-pa ú-da "bringe du mir die richtige Nachricht zurück!"

Vielleicht dazu zu zählen ist noch KUB XIX 26 I 13ff.:
nu-za ^{LÚ}SANGA na-aš-ma kat-ta [DUM]U ^{LÚ}SANGA ma-aḫ-ḫa-an (14) a-pí-e-el ḫa-an-ne-eš-ni kar-aš-ši̭ me-mi-iš-ki̭-iz-zi (15) a-pí-e$^{!}$-da-ni-i̯a an-tu-uḫ-ši me-na-aḫ-ḫa-an-da̭ (16) <u>QA-TAM-MA</u> kar-ši me-mi-iš-ki-id-du "Wie der "Priester" oder später$^{?}$ der [Soh]n des "Priesters" (14) im Gerichtsverfahren jenes (Menschen) Zutreffendes spricht, (15) ebenso soll er auch jenem Menschen gegenüber Zutreffendes sprechen (möglich auch mit Adverb "zutreffend sprechen")."

<u>karši</u>- in der Bedeutung "sauer(?)" (nach HAAS-WILHELM, AOATS 3.197) geht auf den folgenden Text zurück:
KUB XV 34 III 26f. nam-ma-kán ta-a-u̯a-al u̯a-al-ḫi KAŠ GEŠTIN KU_7 GEŠTIN kar-ši ḫa-pu-uš-ti-i̯a-an (27) LÀL Ì.DÙG.GA Ì.NUN GA$^{!}$ KU_7 an-da la-ḫu-u-u̯a-an-zi
HAAS und WILHELM übersetzen: ". . . süssen Wein, sauren$^{?}$ Wein, <u>ḫapustija</u>-Getränk. . ." "Sauer" ist hier als Gegenstück zu "süß" nur geraten. Außerdem ist GEŠTIN (<u>u̯i̯iana</u>-) wohl kaum neben genus commune auch Neutrum (so J. TISCHLER, Heth.-deutsches Wörterverzeichnis (1982) 106 fragend).
Ein weiterer Beleg macht deutlich, daß GESTIN <u>karši</u> nicht

"saurer Wein" bedeuten kann:

KUB XXV 191 Vs.? 7' I]Š-TU GEŠTIN kar-ši šu-u[n-n]a-i, nicht "er füllt mit saurem Wein", das wäre *karšit.

GEŠTIN karši erscheint z.B. auch noch in KUB XII 16 I 1'ff. und Duplikaten (s. H. OTTEN, ZA 72 (1982) 287). 1 NAMMANTUM Ì.GIŠ ... KAŠ limmaš ... ḫapuštii̯aš ... 1 DUGKUKUB GEŠTIN karši...

Da also GEŠTIN karši nicht "saurer Wein" sein kann - sollte man hierbei vielleicht eher das akkadische Wort KARŠUM (KARAŠUM) "Porree, Gartenlauch" annehmen? GEŠTIN KAR-ŠI wäre demnach "Porreewein, Lauchwein", vergleichbar etwa unserem Pastinakwein.

Das etwas häufiger bezeugte Adverb karši scheint vor allem in der älteren Zeit, etwa bis Šuppiluliuma I., gebraucht worden zu sein:

KUB I 16 II 30 (HAB) ki-nu-na li-e li-e [ku-u̯a-ta-qa] kạr-ši k[at?-ta pa-iz-zi (die Ergänzung ist sehr unsicher);

KBo III 1 II 47 (Tel) šu-me-eš-ša pa-an-ku-uš-ši‹-is› nu-uš-ši kar-ši te-it-te-en "ihr aber (seid) sein panku. Sagt ihm, (wie) es gehörig (ist). . ."

KUB XXIII 77+Vs.30 nu-uš-ši ki-iš-ša-an tar-te-ni A-NA KUR URUḪa-at-ti-u̯a kar-š[i?] KẠSKẠL?-ši-i̯a-aḫ-ḫu-e-en "Ihr werdet ihm folgendermaßen sagen: 'Für das Land Ḫatti haben wir, wie es sich geh[ört,] auf den Weg? gesetzt (=mobilisiert?)'."

KBo XVII 48 Vs.7']kar-ši píd-da-a-u-e-ni[.

Die häufigste Verbindung, in der wir das Adverb karši finden, ist die mit dem Verbum zaḫḫii̯a- "bekämpfen" (vgl. auch H. OTTEN, StBoT 11.17, der hervorhebt, daß die Verwendung hiervon nur auf gewisse mittelhethitische Texte beschränkt sei).

KUB XXXI 44 II 14f. (s. E.v.SCHULER, Or 25 (1956) 226)
na-an ma-a-a(n kar-ši) [Ú-UL] (15) za-aḫ-ḫi-i̯a-u-u̯a-aš-t(a
"Wenn wir ihn nicht gut/richtig bekämpfen . . ."

KUB XVI 1 Vs.29ff. (A. GOETZE, Madd 8f.) . . . zi-ig-ga-u̯a-ra-an (30) ^{m}[Ma-ad-du-u̯]a-at-tạ-ạš [ERÍN^{MEŠ}-KA-]i̯a QA-TAM-MA kar-ši za-aḫ-ḫi-i̯a-at [-tin] ^{m}Ku-pa-an-t[a-^{D}KAL-]i̯a[-aš-ma-za$^{?}$ A-NA A-BI ^{D}UT]U^{ŠI} ma-aḫ-ḫa-an mẹ-na-aḫ-ḫa-an-da ku-u-ru-ur (31) [tu-uq-qa-u̯a-r]a-aš A-NA ^{m}[Ma-ad-du-u̯a-a]t-tạ QA-TAM-MA me-na-aḫ-ḫa-an-tạ kụ-ụ-rụ-ur ẹ-ẹš-tụ nu-u̯a-r[a-an A-BI ^{D}UTU^{ŠI}] ma-aḫ-ḫa-an kar-ši za-aḫ-ḫi-i̯a-aḫ-ḫa-ri (32) [zi-iq-qa-u̯a-]ra-an ^{m}M[a-ad-du-u̯a-]ạt-tạ-aš QA-TAM-MA kar-ši za-aḫ-ḫ[i-i̯a-aḫ-ḫu-ut] "Auch du, (30) [Madduw]atta, und [deine Truppen], bekämpft ihn ebenso gut/richtig. Wie [aber] Kupant[a-^{D}KAL dem Vater Meiner So]nne gegenüber feindlich (ist), (31) ebenso soll er [auch dir], dem [Madduwa]tta, gegenüber feindlich sein. Und wie ich, [der Vater Meiner Sonne, ihn] gut/richtig bekämpfe,(32) ebenso bekä[mpfe auch du,] M[adduwa]tta, ihn gut/richtig."

KUB XXIII 72 Rs.40 na-an ^{D}U[TU^{ŠI} GIM$^{?}$-a]n kar-ši za-aḫ-ḫi-i̯a-aḫ-ḫa šu-me-š[a$^{?}$-an QA-TAM-MA kar-ši za-aḫ-ḫi-i̯a-at-te-en
"[Wi]e ich, Mein[e Sonne], ihn gut/richtig bekämpfe, ebenso [bekämpft auch] ihr [ihn ebenso gut/richtig!"
Ähnlich Rs.75 ^{D}UT]U^{ŠI} G[I]M-ạn kar-ši (76)[;

Ebenso KBo XVI 27 IV 13 -a]n kar-ši za-aḫ-ḫi-i̯a-at[-tin ;

KUB XXVI 29 + XXXI 55 Vs.11 nu-mu ^{LÚ}KÚR kat-ta-an kar-ši za-aḫ-ḫi-at-tin "bekämpft mit mir den Feind gut/richtig!"
Vs.16 nu ḫu-u-da-ak kar-ši za-aḫ-ḫi-i̯a-at-tin "... und bekämpft [ihn/sie] sofort gut/richtig!"

KUB XXI 47.17 na-an ḫu-u-ma-an-te-eš ták-ša-an kar-ši za-aḫ-ḫi-i̯a-at [-tin] "bekämpft ihn alle gemeinsam gut/richtig!"

Muršili II. hingegen verwendet in seinen Staatsverträgen karši nicht mehr, sondern ersetzt es durch den D.-L. Sg. (so FRIEDRICH, SV I 37) kar-(aš-)ša-i̯a.
KBo V 4 Rs.29f. (Targ) nu a-pu-u-un ^{LÚ}KÚR tu-e-e[l] (30) [I]Š-TU ERÍN^{MEŠ} ANŠE.KUR.RA^{MEŠ} Ù IŠ-TU KUR-KA kar-ša-i̯a Ú-UL za-aḫ-ḫi-iš-ki-ši ". . . und jenen Feind [m]it deine[n] Fuß- und Wagenkampftruppen und mit deinem Land nicht gut/richtig bekämpfst . . .";

KBo V 9 II 3ff. (Dupp) [ma-a-an . . . (4) . . . a-pu-u-un] ^{LÚ}KÚR kar-aš-ši-i̯a Ú[-UL] (5) [za-aḫ-ḫi-iš-ki-ši] "[Wenn du . . . (4) . . . jenen] Feind ni[cht] gut/richtig (5) bekämpfst". . .

Neben karšai̯a mit zaḫḫii̯a- benutzt Muršili auch karšai̯a mit ḫatrai-:
KUB VI 41 II 57 (Kup) (// KBo IV 3 II 34; // KBo IV 7 III 17) nu me-mi-an pí-ra-an pa-ra-a kar-ša-i̯a QA-TAM-MA ŠU-PUR (KBo IV 3 irrtümlich IŠ-PUR) "und schreibe die Sache vorher ebenso richtig/zutreffend!"

Auch Muwatalli gebraucht denselben Ausdruck:

KUB XXI 1 + II 81 (Al) na-an A-NA ᴰUTU-ŠI pí-ra-an pa-ra-a kar-[(aš-ša-i̯a ŠU-PUR)] "schreibe sie (die Sache) vorher Meiner Sonne richtig/zutreffend."

karši- als Adjektiv ist demnach bis Šuppiluliuma II. bezeugt, als Adverb offenbar nur vor Muršili II. (soweit man die in Frage kommenden Texte datieren kann), der wie auch Muwatalli kar(aš)-šai̯a benutzt. C. WATKINS, Gs Kronasser (1982) 260 regt an, in karšai̯a, anders als FRIEDRICH, SV I 37, den Plural des Neutrums zu sehen, hier in adverbialer Funktion wie im Griechischen (hethitische Beispiele dafür scheinen aber zu fehlen).

karši- läßt sich nach all den aufgeführten Belegen als "gut, richtig, zutreffend, gehörig" übersetzen. Gerade an die Bedeutung "gut, richtig" läßt sich aber noch eine Überlegung anknüpfen.

In der weitaus größten Anzahl von Fällen wird im Hethitischen das Adverb "gut" SIG_5-in geschrieben. Sicher ist, daß es nicht etymologisch zu aššu- "gut" gehört (HW^2 493a). Könnte hier adverbiales karši- "gut, richtig" dahinterstecken? Bisher ist zwar kein Adverb *karšin belegt, vielleicht ist aber die Entwicklung folgendermaßen verlaufen:

Angenommen, im Zuge der häufigeren Ideogrammschreibung statt Pleneschreibung in späterer Zeit hätte man karši durch ein Ideogramm ersetzen wollen, so hätte es *SIG_5-i gelautet, gleich dem ideographisch geschriebenen D.-L. Sg. von aššu-, wäre somit nicht als Adverb kenntlich gewesen. Um es als Adverb zu kennzeichnen, hätte man ein (eigentlich falsches und nur durch Analogie zu erklärendes) -*n* angefügt, wie z.B. bei *apadda*/*apaddan* "dort" (obwohl hier der Fall etwas anders liegt). Der Stamm von SIG$_5$-*in* wäre nun hinreichend gekennzeichnet gewesen. Einige Zeit werden *karši* und SIG$_5$-*in* nebeneinander existiert haben, bis man ab Muršilis Zeit auf *karšai̯a* (in bestimmten Verbindungen) und wesentlich häufigeres SIG$_5$-*in* auswich. Ob das adverbiale SIG$_5$-*in* "gut, richtig" tatsächlich schon in althethitischer Zeit vorhanden war (so HW^2 498a), hängt davon ab, ob man die beiden SIG$_5$-*in* im Telipinu-Erlaß (II 3f., II 45) als ursprünglich betrachtet oder der junghethitischen Abschrift anlastet.

Übrigens scheint das Adjektiv *karši-* bisweilen SIG$_5$-*i-* geschrieben worden zu sein, so z.B. KBo XI 10 II 26f. // KBo XI 72 II 30 *na-an* SIG$_5$-*in* MUŠEN-*in* *i-i̯a* "mache ihn zu einem guten Vogel" (HW^2 510a, mit weiteren Beispielen).

3. LÚ ME ŠE-DI [1)]

Wie allgemein anerkannt, besteht die Funktion der ME ŠE-DI-Leute darin, die Leibwache des Königs zu bilden, vor allem auch im Kult. Als ursprüngliche Magazinbeamte sieht S. ALP, Beamtennamen 1, die M.-Leute an, ausgehend von dem altassyrischen Wort aus Kültepe mēšittum "Magazin(?), Schatzhaus(?)". v. SODENs AHw (648b) behält diese Erklärung (fragend) bei, das entsprechende Wort wird bei ihm mešē/itu(m) umschrieben.

Das CAD (M, Part I, 350f.) hingegen führt die M.-Leute unter mašaddu (mešeddu) "pole" auf, hält sie also für Funktionäre, die mit Wagendeichseln zu tun haben. Das Wort mašaddu/mešeddu "Wagendeichsel" ist einmal im Hethitischen belegt (KUB XIII 35 I 44, ^{GIŠ}ME-ŠE-ID-DU; nicht ^{GIŠ}MA-ŠA-AD-DU in Bo 1364/u I 44 (dies ist das Anschlußstück KBo XVI 62 zu KUB XIII 35), so irrtümlich AHw 622b). ^{GIŠ}ME-ŠE-ID-DU wird auch von R. WERNER, Heth. Gerichtsprotokolle (StBoT 4) 17 als "orthographische oder lautliche Variante zu MAŠADDU 'Deichsel'" betrachtet. Der ugaritische Titel LÚ GAL ^{GIŠ}ME-ŠE-DA PRU 4, 201, 14; 203, 12 wird von AHw zu dem Wort für "Magazin" gestellt, von CAD zu "Wagendeichsel".

Eine Verbindung zu der hethitischen Verwendung des LÚ ME ŠE-DI als Leibgardist und Teilnehmer an Ritualen scheint bei beiden Begriffen nicht gegeben; möglich wäre allerdings, wie ALP, Beamtennamen 2, ausführt, daß "manche Berufsbezeichnungen

---

1) Übliche Transkription ME-ŠE-DI; s. vor allem S. ALP, Untersuchungen zu den Beamtennamen im hethitischen Festzeremoniell, 1940, 1-25; zur Transkription ME ŠE-DI, s.S. 117.

ihre ursprüngliche Bedeutung verlieren und zu Titeln werden, die mit ihrer alten Bedeutung nichts mehr zu tun haben" (mit Verweis auf das Amt des GAL GEŠTIN, der ja einer der führenden Feldherrn war).

Die M.-Leute werden fast immer in der Form ME ŠE-DI geschrieben, selten sind Schreibungen wie ^{LÚ}ME-ŠE-TUM, GAL LÚ^{MEŠ} ME ŠE-TI, GAL ME ŠE-IT-TI, $^{LÚ.MEŠ}$ME-ŠE-DU-TI(M), sowie das Abstraktum GAL ME-ŠE-DI-UT-TI(M) (nach ALP, Beamtennamen 1; s. auch F. PECCHIOLI DADDI, Mestieri 135 - 141).

Da die Verbindung der Leibgardisten mit ^{GIŠ}MEŠEDDU nicht sehr überzeugend scheint[1], nimmt man im allgemeinen die Herkunft aus mešē/ītu(m) "Magazin" an, mit dem von ALP vermuteten Funktionswechsel des Amtes.

Ohne aber auf diesen Funktionswechsel zurückgreifen zu müssen, gibt es eine einfache Erklärung für die militärische (oder paramilitärische) Gruppe der M.-Leute. Entsprechend der Formation der LI-IM ṢE-RI ("Tausend des Feldes") kann man eine der ME ŠE-DI "Hundert der Lebenskraft" ansetzen, was einiges klären dürfte. Erstens die Tatsache, weshalb der GAL ME ŠE-DI in der Großreichszeit der höchste Beamte des hethitischen Reiches war. Er war der Anführer derer, die das Leben des Königs zu schützen hatten, vergleichbar etwa den Präfekten der Prätorianergarde im kaiserlichen Rom. Seine Sonderstellung erklärt sich nicht daher, daß der Inhaber eines hohen Amtes, das ursprünglich für die Versorgung zuständig war, seinen Einfluß- und Aufgabenbereich ausgedehnt hatte, sondern daß er von Anfang an für den Schutz des königlichen Lebens zu sorgen hatte, eine Aufgabe, die wohl

1) Anders H.G. GÜTERBOCK, Fs Kraus (1983) 89f.; er hält "Mann der Deichsel" für besser.

erst im Laufe der Zeit wegen der Thronstreitigkeiten und der daraus resultierenden Morde eine überragende Stellung erforderte. Im Telipinu-Erlaß (II 62) wird der GAL DUMU^{MEŠ}.É.GAL noch vor dem GAL ME *ŠE-DI* genannt, ist demnach offenbar höher im Rang.

Zweitens aber wird deutlich, weswegen man den Posten des GAL ME *ŠE-DI* häufig einem nahen Verwandten, meist dem Bruder, des Königs anvertraute. Mit der Loyalität eines seiner Brüder konnte der Herrscher wohl in den meisten Fällen rechnen; weiterhin war es für einen Königsbruder in der Regel nicht möglich, den Thron zu besteigen. Es lag also mehr in seinem Interesse, für den Schutz des Königs zu sorgen und dabei seine Machtstellung zu bewahren, als vorzeitig einem seiner Neffen zur Herrschaft zu verhelfen.

Mit der Deutung des Begriffes ME *ŠE-DI* ist nun auch die Frage geklärt, wie groß die Leibgarde war. ALP, Beamtennamen 2, hatte nicht mehr als zwölf Leibgardisten in den Texten nachweisen können, hatte aber aus dem Ausdruck UGULA 10 ME *ŠE-DI* bereits geschlossen, daß es mehr als zwölf davon gegeben hatte.

Daß sich das Amt des GAL ME *ŠE-DI* auf das Zeremoniell beschränkte, wie ALP, Beamtennamen 3, meinte, läßt sich wohl so nicht mehr behaupten. Es war seine Aufgabe, das Leben des Königs zu schützen, und das tat er häufig bei kultischen Handlungen, aber auch bei Feldzügen. Jedenfalls aber war ALPs Annahme, die ME *ŠE-DI* seien "eine Art Leibgarde" (Beamtennamen 5; s. auch GOETZE, Kleinasien^{2} 83 mit Anm. 7) vollkommen zutreffend.

Das akkadische Wort *šēdu* bedeutet außer "Lebenskraft (o.ä.)" (AHw 1208a) noch einen guten Schutzgeist sowie auch einen bösen Dämon (wobei das Wort für "böse" aber meist hinzugefügt wird).

ŠEDU entspricht in dem akkadisch-hethitischen Vokabular KBo I 44 + KBo XIII 1 IV 35 (H. OTTEN - W. v.SODEN, StBoT 7) dem hethitischen Wort tarpi-. Es ist hier nicht der Ort, um tarpi- zu klären, deshalb seien nach OTTEN, StBoT 7.32 die Bedeutungen dieses Wortes angegeben: a) Abstraktum, etwas Ungutes; b) ŠEDU; c) Gebäudeteil (nicht unbedingt "Vorratsraum"). Offenbar hat tarpi- wie ŠEDU eine positive und eine negative Bedeutung. tarpi- steht öfters neben annari-, wobei beides nach HW^2 79a etwa "Lebenskraft" bedeutet.

Wie die ME ŠE-DI-Leute auf hethitisch heißen, ist vorläufig nicht herauszufinden; daß der Stamm tarpi- darin enthalten ist, scheint möglich, aber nicht gewiß. Man kann nicht einmal sagen, ob das gesuchte Wort ein a-Stamm ist (zu den komplementierten Formen s. F. PECCHIOLI DADDI, Mestieri 135). Zu der von S.R. BIN-NUN vorgeschlagenen, aber nicht ausreichend beweiskräftigen Gleichsetzung von GAL ME ŠE-DI und ^{LÚ}tuḫkanti- s. RHA 31 (1973/1976) 1-25.

4. munnai-

Das Verbum munnai- bedeutet nach HW 145 "verhüllen, verstecken"; das Medium dazu (nach der genaueren Aufgliederung E. NEUs in StBoT 5.119) "unsichtbar sein/werden, entschwinden"; mit -za "sich verbergen".

Am häufigsten wird munnai- in Staatsverträgen in den Paragraphen verwendet, die sich mit Flüchtlingen befassen, z.B.
Ḫuqq I 30 na-an an-da im-ma mu-un-na-a-ši "und du ihn sogar verbirgst". . .
Targ I 9 na-aš-ma-an-kán A-NA ^{D}UTU^{ŠI} mu-un-na-a-ši "oder du ihn vor Meiner Sonne verbirgst" . . .
Kup § 29 G II 7 [na-an-mu-kán an-da] [im-m]a mu-un-na-a-ši "[und du ihn mir] [sog]ar verbirgst" . . .

Als Ausdruck mit šaku̯u̯a (IGI$^{ḪI.A}$-u̯a) kommt munnai- offenbar nur noch im Madduwatta-Text KUB XIV 1 + KBo XIX 38 Rs.42 und 49 vor (s. dazu H. OTTEN, StBoT 11.27).
Rs.42 [^{m}Ma-]ad-du-u̯a-at-ta-aš-ma-az a-pí-e-da-aš UD$^{ḪI.A}$-aš ša-a-k[u-u̯a(-pát$^{?}$) mu-un-]na-a-it "[Ma]dduwatta aber [verhül]lte sich in jenen Tagen die Aug[en]."
Rs.49 a-pa-a-ša-aš nam-ma Ú-UL u̯a-al-aḫ-ta ša-a-ku-u̯a-pát mu-un-na-it "Jener schlug sie (die Feinde) wieder nicht; vielmehr verhüllte er die Augen."

Aus diesen Belegen schloß OTTEN, daß auch im Telipinu-Erlaß "die Augen verbergen" kein euphemistischer Ausdruck für "blenden" sein könne (StBoT 11.27); die Bedeutung "blenden" (sonst dašu̯u̯aḫḫ-) ist ja ohnedies umstritten (z.B. W. EISELE, Telipinu-Erlaß 80), vor allem im Hinblick darauf, daß blinde Bauern wohl nahezu arbeitsunfähig sind. CARRUBA, Fs Güterbock 75 mit Anm. 8, übersetzt Tel II 29 daher "Warum soll man sie aus den Augen verschwinden lassen?", wobei er anmerkt, die Zeilen 29 bis 30 seien "klar für den allgemeinen Sinn, dunkel im einzelnen". In der Tat bereitet der doppelte Akkusativ des in Frage stehenden Satzes einige Schwierigkeiten.

Eine Lösung wäre die Annahme einer idiomatischen Phrase, die mit doppeltem Akkusativ konstruiert wird. Der Telipinu-Erlaß bringt uns ein anderes Beispiel einer solchen Phrase mit doppeltem Akkusativ statt mit Dativ, den man eigentlich erwartet. II 15 heißt es: uga-u̯ar-us ḪUL-lu ii̯ami "ich werde ihnen (Akk.) Böses nicht antun".

Aber selbstverständlich kann auch ein idiomatischer Ausdruck nicht willkürlich andere Fälle einsetzen als diejenigen, die das Verbum erfordert. Es bleibt also dabei: warum Akkusativ statt Dativ?

Es scheint nur eine Lösung in Frage zu kommen: der Akkusativ der Beziehung.[1] Leider ist der accusativus relationis so gut wie ununtersucht; es gibt aber bestimmt hinreichend Belege dafür, wie auch für den Akkusativ der Richtung.[2] Schließlich ist der Akkusativ der Beziehung ein altindogermanisches Erbe, und für den Ausdruck "verbergen, verhüllen" mit doppeltem Akkusativ befindet sich das hethitische munnai- in gut indogermanischer Gesellschaft. Siehe z.B. bei Hermann HIRT,

---

1) S. dazu O. CARRUBA, Kadmos 6 (1967) 93 mit Anm. 17, sowie E. NEU, Studien zum endungslosen "Lokativ" (IBS, Vorträge und kleinere Schriften 23, 1980) 31f. mit Anm. 68.

2) NEU, l.c. 30f. mit Anm. 67.

Indogermanische Grammatik, Teil VI, Syntax I (1934) 94f. für "verhehlen":"gr. οὐδέν σε κρύψω 'ich werde dir nichts verbergen'; lat. *non tē cēlāvi sermonem* ['ich habe dir das Gerede nicht verheimlicht']; ahd. *thaz ni hiluh thih* 'das verhehle ich dir nicht'."

Unsere Stelle Tel II 29 bedeutet also "in Beziehung auf sie die Augen verbergen/ verhüllen" = "vor ihnen die Augen schließen; sie mit Nichtachtung strafen, ignorieren".

5. *šuu̯ai-*

Die Form *šu-u̯a-a-i-e-iz-zi* in Tel II 51 wurde bis vor kurzem immer zu *šuu̯ai-* "stoßen" gestellt. Erst seit F. STARKEs Abgrenzung des Verbums *šuu̯āi̯i̯e-* "spähen, ausschauen" gegen *šuu̯e-* "(ver)-stoßen"[1] - mit der dadurch ausgelösten intensiven Beschäftigung mit dem in den Hethitischen Gesetzen häufig vertretenen Ausdruck *parnašša šuu̯aizzi* - , wurde auch diese Form als zu "spähen, ausschauen" gehörig eingeordnet. Gleichzeitig (1977) ging H.C. MELCHERT in seiner Dissertation[2] noch einen Schritt weiter und emendierte in Tel II 51 das von FORRER, BoTU 2.43 gelesene *ḫar-aš-ša-na-za* in *ḫar-aš-ša-na-a*, so daß er übersetzen konnte "(if any prince does mischief among his brothers and sisters, or) 'looks toward the head of the king' (with evil intent), (then he is brought to trial)."

Ausgehend von dem juristischen Fachausdruck *parnašša šuu̯aizzi* und unmittelbar im Anschluß an H.G. GÜTERBOCKs Deutung dieser Formel[3] befaßte sich nun H.A. HOFFNER[4] ausgiebig mit der Stelle Tel II 51. Sein Ansatzpunkt ist folgender: in allen Fällen, wo *šuwaye-* ("spähen") als juristischer Terminus steht, ist es mit dem Allativ konstruiert (S. 507). Da KBo III 1 althethitisch in junger Schrift ist, sei die Schreibung *šu-u̯a-a-i-e-iz-zi* eine Modernisierung der Schreibung *šu-u̯a-i-iz-zi*, wie sie auf alten Tafeln geschrieben werde. Die zur Debatte stehende Stelle Tel II 50-52 übersetzt er folgendermaßen (ebenfalls mit Emendierung in

---

1) F. STARKE, StBoT 23 (1977) 36f.

2) H.C. MELCHERT, Abl. and Instr (1977) 223

3) Noch einmal die Formel *parnašša šuwaizzi*, Fs Kammenhuber, Or 52 (1983) 73-80

4) The Old Hittite Legal Idiom *šuwaye-* with the Allative, JAOS 102 (1982) 507-509

ḫarassana): "Whatever (king) 'does evil' among (his) brothers and sisters, he (the one who claims redress) shall 'look to' (=have recourse to) the person (lit. 'head') of the king (i.e. the offender in this case). Convoke the assembly! If when his case goes against him, let him make compensation from with (his) person (lit. 'head')."

Die Übersetzung "whatever (king)" übersieht völlig, daß nur im vorhergehenden Paragraphen der König angesprochen wurde. II 46-49 wendet sich an den König, der die Absicht hat, seinen Geschwistern Böses anzutun; der panku ist hier aufgerufen, den König auf das Verwerfliche seines Tuns aufmerksam zu machen mit dem Hinweis, daß früher viel Blut floß in Ḫattuša und die Götter die Vergeltung dafür der Königssippe auferlegt hätten. Was im Klartext heißen soll: wenn der König einen Mord begeht, werden das die Götter an ihm, seiner Familie und weitergehend am ganzen Land rächen. Demnach kann niemand (auch der panku nicht) gegen den König vorgehen; das überläßt man den Göttern.

Der nächste Paragraph (II 50-58) betrifft Brüder und Schwestern des Königs, denen man "Böses tut"; ausgiebig wird hier dargestellt, daß der verurteilte Sünder zwar sein Leben verliert, seiner Familie aber nichts geschehen darf und auch sein Besitz unangetastet zu bleiben hat. MELCHERT, Abl. and Instr 223, deutet richtig darauf hin, daß II 50ff. "the subject of the sentence is not the king, but 'a prince', cf. lines II 55 and 59." Ebenso auch M. MARAZZI[1]: "(50) Chi fra i fratelli e sorelle (scil. del re) compia un atto delittuoso (51) appar-

1) M. MARAZZI, "e perciò voi convocate il TULIJA"; breve nota all' editto di Telepinu § 31, Fs Neumann (1982) 152

terrà (in senso giuridico) alla persona del re (lett. guarderà
al capo del re) e perciò voi convocate il tulija . . ."
Die Folgerung aus Tel II 51, daß der panku die Vollmacht besitze, selbst den König vor Gericht zu zitieren und die Todesstrafe zu verhängen, ist demnach keineswegs gerechtfertigt (s.
z.B. A. GOETZE, Kleinasien[2] 87; H. OTTEN, Fischer Weltgeschichte
123; F. CORNELIUS, Gesch Heth 121 und auch noch V. KOROŠEC, Mesopotamia 8 (1980) 200).

HOFFNERs Übersetzung "shall 'look to' (= have recourse to)
the person of the king" bringt einige Probleme mit sich. Erstens
scheint, daß der Personenwechsel in II 50f. in einem solchen
ausgiebigen bis redseligen Kontext(man vergleiche die folgenden Ausführungen, die äußerst wortreich das Verbot aussprechen,
sich am Besitz eines verurteilten Prinzen zu bereichern) doch
hätte angezeigt werden müssen (wer ist überhaupt "the one who
claims redress"? Der Ehegatte, der Sohn oder vielleicht auch
die Familie? Im Falle der Formel parnaššea šuṷaizzi sind ja
deutlich nur die beiden Parteien "Schädiger" und "Geschädigter"
vertreten).

Zweitens aber vergißt diese Deutung, daß bei parnaššea šuṷaizzi
das Verbum šuṷaia- bzw. šuṷai- grundsätzlich nur in Verbindung
mit der Zahlung von Geldbeträgen vorkommt, nie aber bei Leibesstrafen. Das šuṷaiezzi in II 51 kann also nicht gleichbedeutend
mit (p.) šuṷaizzi aus den HG sein. Eine wörtliche Übersetzung
aber "blickt auf den Kopf des Königs" führt zu keiner Interpretation wie "sich an das Haupt (d.h. die Person) des Königs halten, das Haupt (die Person) des Königs haftbar machen". ḫaraššana
šuṷaiezzi ist hier weder ein juristischer Terminus noch über-

haupt mit parnaššea šuu̯aizzi zu vergleichen. Eher möglich wäre da schon der Ansatz von MELCHERT (l.c. 223: "looks toward the head of the king (with evil intent)".

Über den Ausdruck parnaššea šuu̯aizzi ist in letzter Zeit viel geschrieben worden. Die neueste Auffassung (unter Verwertung älterer Ansätze) bringt H.G. GÜTERBOCK in seinem oben erwähnten Aufsatz (Or 52.77): "Er (der Täter) wird (das und das) geben, dafür aber blickt er (der Geschädigte) auf das 'Haus' (des Täters)."

Schon 1962 (BiOr 19.121f.) hatte R. HAASE einen Vergleich angestellt zwischen parnaššea šuu̯aizzi und der altassyrischen Ausdrucksweise aus Kültepe bītam dagālu "das Haus ansehen (EL[1] 14.15f. und 92.8). Hier der Text der Urkunde EL 14:

(1) 1 manām kaspam li-tì (2) dammuqam ša Kà-ni-iš (3) i ṣé-er Ta-ar-ḫu-nu (4) A-na-aḫ-ì-lí i-su (5) iš-tù ḫa-mus-tim (6) śa A-šùr-ma-lik (7) mēr Sú-kà-li-a (8) waraḫ^{kam} áb ša-ra-ni (9) ana waraḫ^{kam} [......] (10) i-ša-qal (11) maḫar Du-ma-na (12) bi(!)-ri(!)-im (13) maḫar Du-ul-du-lu (!?) (14) maḫar Me-me-ib-ri (15) bīt-sú ú a-ša-sú (16) ú še-ru-šu a-da-gal

Ähnlich der Schluß in EL 92, wo es sich bei dem als Sicherheit Angesehenen um das Haus, eine Dienerin und eine Sklavin handelt.

Im Anschluß an HAASE, der der Ansicht ist, daß die erwähnten Namen in den Urkunden EL 14 und 92 "auf die Anwendung einheimischen, also anatolischen Rechts hindeuten" könnten, stellt GÜTERBOCK die Frage, ob (angesichts der nur zweimaligen Bezeugt-

1) G. EISSER - J. LEWY, Die altassyrischen Rechtsurkunden vom Kültepe, MVAeG 33 (Leipzig 1930)

heit von bītam dagālu) "die Wendung mit dagālu nicht vielleicht der hethitischen Formel nachgebildet sein könnte".

Hiermit begibt sich GÜTERBOCK aber auf recht unsicheres Gelände. Die Hethiter saßen zu dieser Zeit zwar bereits in Anatolien; war aber ihre Rechtsordnung schon so weit ausgebildet, daß sie ein kodifiziertes (mündlich tradiertes) Recht besaßen, aus dem sie festgefügte Formeln an die Kaufleute des kārum Kaniš weitergeben konnten? Geschrieben haben die Hethiter ja überhaupt erst seit Ḫattušili I. Außerdem erwähnt die parnaššea šuu̯aizzi-Formel grundsätzlich nur das Haus, nie Personen wie Gattin, Kind oder Sklaven, ganz abgesehen davon, daß der altassyrische Ausdruck mit dem Akkusativ konstruiert wird und der 1. P. Sg., der hethitische aber mit dem Lokativ (nach GÜTERBOCK) und der 3. P. Sg.

Wenn man jedoch mit Entlehnung oder Nachbildung einer Formel rechnet, so sollten doch etwas mehr Gemeinsamkeiten zwischen den verglichenen Ausdrücken bestehen. Gemeinsam ist hier letztlich nur das Verbum: dagālu "ansehen" und šuu̯ai̯a- "spähen, blicken".

Die Aufwertung des Verbums šuu̯ai̯a- in letzter Zeit entstand vor allem aus dem Bestreben, für die Wendung parnaššea šuu̯aizzi eine bessere und einleuchtendere Übersetzung zu finden, als sie die herkömmliche Konstruktion mit šuu̯ai- "stoßen" bot. Was lag näher, als einmal sämtliche šuu̯ai- und šuu̯ai̯a-Belege zusammenzustellen und in ein System zu bringen? Das Ergebnis liegt vor in N. OETTINGERs Buch: Die Stammbildung des hethitischen Verbums (1979) 294-298. Auf den ersten Blick ist OETTINGERs Einteilung in "verstoßen", "füllen" und spähen" recht überzeugend, auf den zweiten schon nicht mehr. Beispielsweise hätte er unbedingt zu den Verbformen noch die entsprechenden Partikeln (-*za*, -*kan* usw.) angeben müssen. Außerdem gibt es einige Ungenauigkeiten: bei *šuu̯āi̯i̯e*- "spähen" z.B. ist 952/z Rs.3' (= KBo XXII 162) für *šuu̯atte*[*n* als Fehlzitat (gemeint ist 942/z) zu streichen; das als *šu-ú-u̯a-i̯a* aufgeführte Verb in Bo 2544 II 10' steht als *šu-ú-u̯a-i* noch einmal (richtig) in KUB XLI 23 II 10' daneben. Zudem hat er bei den parallelen Texten KBo XII 18 und KBo XII 63 die Form *šuu̯atten* einmal unter "verstoßen" (KBo XII 63 II 6') und einmal unter "spähen" (KBo XII 18 I 7') eingeordnet.

Es empfiehlt sich daher, das gesamte Material für *šuu̯ai*- und *šuu̯ai̯a*- noch einmal durchzugehen. Schon STARKE (StBoT 23.36f.) betont die unterschiedlichen Schreibungen im Althethitischen zwischen dem Verbum der Formel *parnaššea šuu̯aizzi* (in KBo VI 2 immer *šu-u̯a-i-iz-zi*) und dem Verbum *šuu̯ai*- "stoßen" (*šu-ú-iz-zi*). Als Beispiel führt er den Paragraphen 95 der HG, I. Tafel an (KBo VI 2 IV 47f.):

ták-ku BE(-*EL-ŠU*)] *te-i̯z-zi še-e-ir-ši-it-u̯a* (48) *šar-ni-i̯k-mi nu šar-ni-ik-z*[*i ták-ku mi-i*(*m-ma-i-ma nu*)] *ÌR-an-pát šu-ú-iz-zi*
"[Wenn] sein Herr sagt: 'Ich werde seinetwegen Ersatz leisten', so wird er Ersatz leisten. [Wenn] er sich weigert, so wird er eben den Sklaven verstoßen."

Um zu der Übersetzung "verstoßen" zu kommen, muß STARKE *šuu̯ai*- als "(ver)stoßen" ansetzen, wie auch schon FRIEDRICH, HG 47. "Verstoßen" wird sonst aber mit *para* und -*za* -*kan* konstruiert, s. HG II § 56 (und unten). Zudem muß man feststellen, daß eine solche Handlungsweise dem zweckbetonten Denken der Hethiter keineswegs entspricht. Auch FRIEDRICH hatte schon seine Bedenken, als er zu § 95 anmerkte (HG 47[5]):
"Der Unfreie ist also nicht voll rechtsfähig; daher ist in

diesem Falle sein Herr für ihn haftbar. Der Herr kann sich aber der Haftpflicht dadurch entziehen, daß er den Sklaven aus seiner Gewalt (aber wohin?) entläßt."

Wenn man den Sklaven verstößt, nützt es keinem; die Hethitischen Gesetze aber zeichnen sich ja gerade dadurch aus, daß neben dem Prinzip der Strafe vor allem das der Wiedergutmachung beachtet wird. Was hat der Bestohlene davon, wenn der Herr seinen Sklaven verstößt? Wäre es da nicht angemessener, wenn der Bestohlene wenigstens den Sklaven bekommt, wenn sein Herr schon nicht für ihn zahlen will (oder kann)? A. GOETZE hatte in ZA NF 2 (1925) 262 in seinem Aufsatz "Zur Interpretation der hethitischen Gesetze" den fraglichen Ausdruck mit "so verliert er den betr. (Sklaven)" übersetzt und hinzugefügt: "Mag das 'verliert' einer Änderung bedürfen, an der grammatischen Interpretation muß unbedingt festgehalten werden. Das Subjekt des Nachsatzes muß dasselbe sein wie das des Vordersatzes, anderenfalls müßte dastehen *_naš_ ÌR-_an-pát_ _šuwizzi_."

Ähnlich übersetzt auch F. JOSEPHSON[1] das Verbum in diesem Kontext "will give up the very person", mit der generellen Bedeutung "to give up, to dispossess oneself of something".

"Verliert" ist soweit zutreffend, als es den Herrn des Sklaven betrifft; aufgrund der oben erwähnten Bedenken muß aber darin auch die Nuance enthalten sein, daß der Bestohlene entschädigt wird. Denkbar wäre: "Wenn er sich aber weigert, stellt er wenigstens (-_pat_) den Sklaven (als Ersatz) zur Verfügung." Dasselbe trifft für den Paragraphen 99 zu.

1) In: Hethitisch und Indogermanisch (Innsbruck 1979) 97

"Als Ersatz zur Verfügung stellen" läßt sich natürlich nicht ohne weiteres von einem *šuu̯ai-* "stoßen" ableiten. Möglicherweise ist die Grundbedeutung von *šuu̯ai-* wesentlich weiter zu fassen. Schon HW 200b nennt (nach COUVREUR Ḫ 221f.[1]) als etymologischen Verwandten das ai. *suváti* "setzt in Bewegung"; so auch OETTINGER, Stammbildung 297, mit der Bedeutung "treibt an, drängt". Wenn man nun auch *šuu̯ai-* die Grundbedeutung "in Bewegung setzen" zugesteht, lassen sich nahezu alle Stellen mit *šuu̯ai-* leidlich befriedigend erklären. Im Falle des *šuizzi* in HG I § 95 und 99 wäre also zu interpretieren: "setzt den Sklaven (zu dem Geschädigten) in Bewegung", daraus als juristischer Terminus "stellt den Sklaven (als Ersatz) zur Verfügung".

"(Als Ersatz) zur Verfügung stellen" drückt nun aber nahezu dasselbe aus wie die Formel *parnaššea šuu̯aizzi*, nämlich (GÜTERBOCK, Or 52.77): "der Geschädigte hat das Recht, sich an dem Vermögen des Täters schadlos zu halten, wenn dieser die vorgeschriebene Buße nicht leistet." Wenn man hierbei statt "Vermögen" den Sklaven einsetzt, hat man genau das, was die Paragraphen 95 und 99 aussagen, nur daß hier nicht das Subjekt wechselt.

Angesichts dieser Überlegungen fragt man sich, ob 1. in *parnaššea šuu̯aizzi* tatsächlich das Verbum *šuu̯ai̯a-* "spähen, blicken auf" vorliegt und 2. überhaupt ein Subjektwechsel nötig ist. Jedenfalls wäre es schon sehr merkwürdig, wenn es im Hethitischen zwei fast gleichlautende Verben gäbe, die im Endeffekt (trotz verschiedenartiger Konstruktion) dasselbe ausdrückten. Das Naheliegende wäre daher, zu untersuchen, ob sich *parnaššea šuu̯aizzi* und ÌR-*an šuizzi* nicht doch irgendwie grammatikalisch zur Deckung bringen lassen.

Das Störendste ist ohne Zweifel der Lokativ/Terminativ/Direktiv/Allativ (nicht Gewünschtes bitte streichen), jedenfalls der Kasus auf -a, bei einer Deutung parna-šše-a "dafür aber ins Haus". H.G. GÜTERBOCK bemüht sich (Or 52.75) zwar sehr, die ungewöhnliche Stellung des -a ("und, aber") vor -šše hinreichend logisch zu erklären, doch bleiben trotzdem Zweifel. Gewiß wäre in *parna-a-še die Partikel -a in dem Langvokal untergegangen; berechtigt dies aber dazu, eine gänzlich unübliche Partikelfolge anzunehmen? Eher hätten wohl die Hethiter den Satz etwas anders konstruiert, um diesen Schwierigkeiten aus dem Weg zu gehen. Daher wollen wir doch annehmen, daß parnaššea, so wie es dasteht, richtiges Hethitisch ist. Wenn man sich von dem Gedanken freimacht, das Verbum šuu̯aizzi müsse eine Form von šuu̯ai̯a- mit Terminativ sein, ist der Weg offen für eine andere Deutung. Nichts liegt näher, als im Objekt parnaššea einen Akkusativ zu vermuten, und in der Tat hat man einen, wenn man den sog. freischwebenden Genitiv parnaš "das des Hauses, zum Haus gehörig" ansetzt (so auch Prof. KAMMENHUBER mündlich). Der freischwebende Genitiv ersetzt syntaktisch den Akkusativ. Was macht man dann aber mit dem -še? J. FRIEDRICH hat da schon sehr früh (ZA NF 2.45) eine interessante Interpretation geliefert, wenn auch unter falschen Voraussetzungen. Sein Vorschlag war: parnaššea sei zu zerlegen in parna-še-a "und seine parna (N.-A. Pl. n.)". Die Bedeutung von parna war damals noch nicht genau bekannt ("Hauswesen, Hof, Grundstück"), und vom heutigen Wissen her ist der Ansatz von parna als N.-A. Pl. n. unmöglich. Das -še als Possessivpronomen N.-A. Pl. n. aber ist ein bedenkenswerter Vorschlag. parnaš-še "sein zum Haus Gehöriges" ist genau der einfache Objektsakkusativ, den man in einem so kurzen Satz erwartet.

Die Verbindung von freischwebendem Genitiv mit Possessivpronomen ist zwar nicht sehr häufig, aber doch belegt. FRIEDRICH, HE I^2 § 212c, nennt eine Belegstelle aus dem Telipinu-Erlaß, den Akkusativ *ḫaššannaš-šan* (II 45) "(einen) seines Geschlechts" (auch Tel I 14 (A) hat eine vergleichbare Form: *ḫassannaš-šiš-a* "und (die) seiner Familie") sowie den D.-L. Sg. *ḫassannaš-ši* "für (einen) seines Geschlechts" (KUB XIII 20 I 33).

Nun steht fast nichts mehr im Wege, um ÌR*-an* *šuizzi* und *parnaššea* (*parnaš-še-a*) *šuu̯aizzi* zusammenzubringen. Allein die unterschiedliche Schreibung des Verbums in ein und demselben Text irritiert. Doch lassen sich diese Bedenken wohl ausräumen. STARKE, StBoT 23.36, betont zu Recht, daß es sich bei *parnaššea* *šuu̯aizzi* "bereits in der ältesten Fassung der Gesetze offensichtlich um ein Relikt einer noch älteren juristischen Tradition" handle. Eine Formel jedoch, die älter ist als der Text, in dem sie erscheint, kann spezielle Altertümlichkeiten aufweisen, sei es in Ausdruck oder Lautung. Gewissermaßen handelt es sich bei einem solchen altertümlichen Satz um ein Zitat, und so beließ man ihn in der ursprünglichen Lautung. *parnaššea* *šuu̯aizzi* ist als zitierte Formel anzusehen, gleichsam in Gänsefüßchen, während der Terminus *šuizzi* "er stellt (als Ersatz) zur Verfügung" noch lebendig und mindestens bis Šuppiluliuma I. belegt ist (s.u.).

So können wir feststellen:

1. *parnaš-še-a* bedeutet "und das zu seinem Haus Gehörige" (Akk.);

2. *šuu̯aizzi* sowie *šuizzi* mit Akk. bedeuten "(als Ersatz) zur Verfügung stellen"; der Lautbestand bei *šuu̯aizzi* entspricht einer älteren Zeit als der der Niederschrift von HG I (A);
3. *parnaššea* *šuu̯aizzi* ließe sich demnach wiedergeben als "und er (der Schädiger; kein Subjektwechsel) stellt das zu seinem Haus Gehörige (als Ersatz) zur Verfügung"; *šuu̯aizzi* ist eine Verbalform von *šuu̯ai-* und nicht von *šuu̯ai̯a-* "spähen, blicken".

Es folgt eine Neugliederung der von OETTINGER, Stammbildung 194f., aufgeführten Belege, mit Ausnahme der unveröffentlichten Texte (einige weitere Belege wurden hinzugefügt).

I. *šuu̯ai-* 1. "in Bewegung setzen, drängen, treiben"
2. "sich in Bewegung setzen" (mit -*za*)
3. "(als Ersatz) zur Verfügung stellen" (jurist.)
4. "(zusammen)drängen, -schieben, sammeln"
5. daraus "füllen", auch "(ausreichend) versehen (mit)" (mit -*kan*)
6. Med. "sich füllen, (zu) ausführlich werden, anschwellen" (mit -*kan*)
7. mit *arḫa* "wegschieben, wegjagen, verbannen"
8. mit *para* "vertreiben, hinaustreiben"
mit *para* und -*za* -*kan* "verstoßen"

II. *šuu̯ai̯a-* "spähen, Ausschau halten"

I.1 "in Bewegung setzen, drängen, treiben"

KBo III 1 II 50f. (ah. in jh. Abschrift)
(50) ku-iš ŠEŠ^{MEŠ}-na NIN^{MEŠ}-na iš-tar-na i-da-a-lu i-i̯a-zi

nu LUGAL-u̯a-aš (51) ḫar-aš-ša-na-ạ šu-u̯a-a-i-e-iz-zi nu tu-li-i̯a-an ḫal-zi-iš-tin
"Wer unter den Brüdern als auch den Schwestern Böses tut und (=oder) gegen des Königs Kopf ins Werk setzt, (für den) ruft die Versammlung."

KBo VI 3 II 52 (HG I (B), 43) (mh.)
ták-ku LÚ-aš GUD-<u>ŠU</u> ÍD-an zi-nu-uš-ki-iz-zi ta-ma-i-ša-an šu-ụ́[(-i$^?$)-iz-z]i (Fr. HG 30 transkribiert šu-ú-u̯a-iz-zi; das jh. C hat šu-u̯[a-a-]iz-zi; A ist abgebrochen)
"Wenn ein Mann sein Rind häufig den Fluß überqueren läßt und ein anderer ihn (beiseite) drängt . . ."

KBo X 45 IV 25 - 28 (// KUB XLI 8 IV 24-27)
(25) na-ạn-ša-an ḪUL-u-ị pa-ap-ra-an-ni l[(i-in-ki-i̯)]a (26) u̯a-aš-du-li iš-ḫa-ni-i ḫur-ti-i̯a ḫa-ạp-pụ-ut-ri (27) ḫa-me-in-kad-du na-at a-pí-ẹ (// 26 a-pí) pa-ra-a ḫu-u-it-ti-i̯a-ad-du (28) šu-me-eš-ma-at EGỊR-an-tạ šu-u̯a-a-at-tin (// 27 [š]u-u̯a-at-tin)
"Es (das Z. 24 erwähnte Gefäß mit Bier) soll ihn ans Böse, an die Befleckung, an den Eid, (26) an die Sünde, ans Blut, an den Fluch als <u>ḫapputri</u> (Teil des Rindergeschirrs) (27) binden und es soll jene hervorziehen (aus dem Stall).(28) Ihr aber (Götter) sollt sie danach antreiben!"
Vergleich von Bösem, Befleckung, Eid usw. mit Rindern, die angeschirrt und zum Laufen gebracht werden.

Ähnlich, aber mit Medium:

KBo X 45 III 69 - IV 1

na-]ạt DINGIR^{MEŠ} URU^{LIM}-m[a?] (IV 1) EGỊR-an šu-u̯a-an-du-ma-at

"und ihr ab[er], die Götter der Stadt, sollt sie (1) hinterher antreiben!"

Nach E. NEU, StBoT 5.160[1], handelt es sich bei šuu̯andumat um eine Medialform mit falscher Nasalierung. Abzulehnen H. KRONASSER, EHS 474, der šuwandu+ma+at trennen möchte.

KBo XII 18 I 5-7 (ah.) // KBo XII 63 II 1-6 (jh. Abschrift)

ku-u̯a-a-pí-it UD-at U[D!-at (LUGAL-iz)-zi-at?(X)] (6) ša-an-za-pa a-aš-šu šu-u̯ [(a-at)-te-en (⟨ki?⟩-nu-un-na-pa)] (7) a-aš-šu šu-u̯a-at-te[-en]

"Tag für T[ag], wo er Kön[ig war (X)], (6) ha[bt] ihr Gutes auf ihn zu getrieben. Auch jetzt? (7) treib[t] Gutes her!"

Wohl nicht zutreffend A. KAMMENHUBER, Mat.heth.Thes 2, Nr. 4 (1973), die bei nu-un-na-pa (KBo XII 63 II 5) mit einem vereinzelt möglichen ah. Sg.A.c. -un rechnet.

KUB XXXI 143a + VBoT 124 III 5'f. (s. E. NEU, StBoT 25, Nr. 111 teilweise eingearbeitet die jh. Abschrift Bo 1212; vgl. auch StBoT 26.358 mit Anm. 5)

an?-(da)] li-e šu-u̯a[(-i-e-ši ták-na-aš ^{D}UTU-uš a-ụš-zi)] //

(6') [X]šu-up-pạ-li-e-eš[(-ni[1]) li-e šu-u̯a-i-e-si)

". . .] treibe nicht [hin]ein! Die Sonnengöttin der Erde schaut zu. (6)[. . .] treibe nicht in die Viehhürde?."

1) E. NEU, StBoT 26.358[5] erg. ^{URU}(-)]šu-up-pa-li-eš-ni

KUB XLI 23 II 10f.

nu la-ba-ar-na-an a-aš-šu šu-ú-u̯a-i e̥[-eš-ri-iš-še-it ne-e-u̯a-aḫ]

(11) na-an EGIR-pa ma-ia-an-ta-ah

"Treibe Gutes zum labarna hin! [Erneuere seine] G[estalt] (11) und mache ihn wieder zum kräftigen Mann!"

HW^2 497a "Fülle Gutes in den Herrscher!" (dies wäre jedoch mit -kan zu konstruieren).

durativ:

KUB XXXI 143 II 22 (ah.)

GA]L šu-uš-ki-ši pal-ḫa-e A$^{HI.A}$ GAL šu-u̯š-ki̥-ši

"die gro]ßen bewegst du immer wieder. Die breiten Wasser, die großen, bewegst du immer wieder."

I.2 "sich in Bewegung setzen" (mit -za)

KBo XVII 90 II 12'

šu-u̯a-i̯a-az (=šúu̯ai-az) ki-la-an-za-ma-aš-ša-an[

"Setze dich in Bewegung! Das kila- aber sich["

KUB XII 63 Vs. 29'

LÚ^{MEŠ} a-ap-pa i-i̯a-an-nir UM-MA-ŠU-MA Ú-UL-za šu-u̯a-u-e-ni

"Die Männer gingen zurück. Er (sprach) folgendermaßen: 'Wir wollen uns nicht in Bewegung setzen. . .'."

KUB XVIII 3 Rs. 19'

n]a-aš-za pí-ra-an ar-ḫḁ šu-u-u̯a-it

"er (Vogel?) setzte sich nach vorne weg in Bewegung"

Sehr unklar ist der zerstörte Paragraph 26b der HG, I. Tafel:

KUB XXVI 56 (J) 4

ták-ku-za LÚ-ša SAL-an šu-ú[-iz-zi (// KBo VI 5 II 2 šu-u̯a-a̩[-iz-zi) "Wenn sich ein Mann mit einer Frau einlä[sst$^{??}$"; jedenfalls nicht, wie FRIEDRICH, HG 25, übersetzt "Und wenn ein Mann die Frau ver[stößt . . .]", das würde *para* und -*za* -*kan* erfordern.

I.3 "(als Ersatz) zur Verfügung stellen" (jurist.)

Neben den in HG genannten Belegen für *parnaššea šuu̯aizzi* noch die Paragraphen 95 und 99 der I. Tafel (s.o.)

Außerdem KUB VIII 81 III 6f. (par. KUB XXXVI 127 Rs. 14f.)

ma-a-an-ši$^{!}$-kán *BE-EL*-ma še-ir *Ú-UL* šar-ni-ik-zi (7) nu ÌR-pát pa-ra-a šu-ú-i-e-iz-zi

"Wenn sein Herr aber dabei nicht für ihn Ersatz leistet, (7) dann stellt er wenigstens (-*pat*) den Sklaven (als Ersatz) zur Verfügung"

šuu̯ai- und *para šuu̯ai-* (wörtlich: "hin in Bewegung setzen") muß in diesem Zusammenhang dasselbe bedeuten.

I.4 "(zusammen)drängen, -schieben, sammeln"

KUB XXIV 9 + III 23'f. (und Parallelen; s. L. JAKOB-ROST, THeth 2)

ḫa-aḫ-ḫa-ri-la-at EGIR-an-d[(a ḫa-a)]ḫ-ḫa-ri-i̯a-[(ad-du)] (24')

[(^{GIŠ}in t]a-lu-z[(i-it EGIR-a)]n-da šu[(-u̯a-a-id-du)]

"Danach soll er es mit der Harke (zusammen)harken, (24) danach mit der Schaufel (zusammen)schieben . . . "

Nicht mit JAKOB-ROST, THeth 2.45 "mit der Schaufel füllen".

I.5 "füllen, (ausreichend) versehen (mit)" (mit -kan)

z.B. KUB XVII 37 I 6' ^{DUG}t]a-la-mi-uš-kán šu-u-u̯a-an-zi;

KUB XXV 23 I 21 GAL$^{HI.A}$-kán šu-u-u̯a-an-zi;

häufig BI-IB-RI$^{HI.A}$-kán šu(-u)-u̯a-an-zi KUB XVII 37 I (11), IV(6); KUB XXV 22 III 10 (II 6 offenbar irrtümlich ohne -kan); KUB XXV 23 I 20, 30; KUB XXXVI 89 Vs. 8 (šu-u-an-zi); KUB XXXVIII 25 I$^{?}$ 23 (ohne -kan)

(Weitere Belege s. HW^{2} 375, aššanu- II.2)

Partizip:

KBo XII 96 I 9'f.

a-iš-za-kán Ì-it (10') šu̥-u-u̯a-an-za e-eš

"sei einer, dessen Mund voller Öl ist!"

KBo XXI 34 I 24f.

. . . nam-ma-kán A-NA PA-NI ^{D}IŠKUR (25) 2 GAL IŠ-TU GEŠTIN šu-u-u̯a-an-du-uš la-a-ḫu-u-u̯a-an-zi

"Ferner gießen sie vor den Wettergott (25) zwei Becher, die mit Wein gefüllt sind."

IBoT I 36 II 40f. (L. JAKOB-ROST, MIO 9 (1966) 165-225)

1 KUŠ.É.MÁ.URU$_{5}$-kán$^{?!}$ (geschrieben -uš) IŠ-TU É ^{LÚ}x x ^{GI}KAK.Ú.TAG.GA (41) šu-u-un-tḁ-an pa-a-i

". . . einen Köcher aus dem Haus des X, gefüllt mit Pfeilen, gibt er."

In der wohl ursprünglichen Bedeutung "(ausreichend) versehen (mit)" (aus: "hintreiben zu"):

KUB XIII 2 III 40 (v. SCHULER, HDA 48)
nam-ma-aš-kán A.ŠÀ^HI.A-it šu-u-ua-an-za e-eš-t[u]
"Ferner soll er (Umsiedler) (ausreichend) versehen sein mit Feldern."
(HDA 48: "durch die Felder voll (versorgt?)"; HW^2 365a: "soll er (an)gefüllt sein mit Feldern").

I.6 Medium mit -kan/-šan "sich füllen, anschwellen, (zu) ausführlich werden"
(OETTINGER, Stammbildung 297, nimmt eine Bedeutungsentwicklung von "(ver)stoßen", Med. "*gepreßt werden", zu "anschwellen" an)

Schon bei NEU, StBoT 5.159[1] wird richtig an (-kan) šuuai- "füllen" (nach FRIEDRICH, HW 200) angeschlossen. Folgende Belege nach StBoT 5.

KBo VI 34 III 17 na-aš-ša-an ŠÀ-ŠU šu-ut-ta-ti
"und er, (nämlich) sein Inneres, schwoll an."
Ebenso III 21 na-aš-ša-an ŠÀ-ŠU šu-ut-ta-ru
"und er, (nämlich) sein Inneres, soll anschwellen."

KUB XIII 2 III 23f.
ma-a-an-kán DI-NU-ma (24) šu-ua-at-ta-ri na-at MA-HAR ^DUTU^ŠI up-pa-ú

"Wenn der Prozeß aber (24) (zu) ausführlich wird, soll er ihn vor Meine Sonne schicken."

KUB XXX 39 Rs. 10
ut-tar-kán šu-u-u̯a-at-ta-at
"die Angelegenheit wurde (zu) ausführlich"
(NEU, StBoT 5.159 "der Text war angeschwollen"). Das Duplikat KBo X 20 IV 27 hat dafür ku-it ut-tar šu-u̯a-at[-ta-at (ohne -kan).

1.7 mit arḫa "wegschieben, wegjagen, verbannen"

KBo XIII 29.13']ar-ḫa šu-u̯a-an-z[i frgm.

KBo XVI 24+25 I 79/68 -i̯]a?-an KUR-i̯a-az ar-ḫa šu-ú-it
"er jagte (ihn) aus dem Land"
KBo XVI 25 IV 5 a]r-ḫa li-e šu-ú-iz-zi[
"er soll nicht verjagen!"

KUB IV 1 II 12f.
na-aš-ta ŠA KUR URUḪa-at-ti DINGIRMEŠ (13) KUR-az ar-ḫa šu-u̯a-at-te-en
"und habt die Götter des Landes Ḫatti (13) aus dem Lande verjagt".
II 17f. A.ŠÀ ku-e-ra-az-zi-i̯a-aš[-ta] (18) IŠ-TU GIŠSAR.GEŠTINḪI.A-ŠU-NU ar-ḫa šu-u̯a-at-te-e[n]
"und habt sie aus Feld (und) Flur, (18) aus ihren Weingärten verjagt."

KUB XIII 7 I 6f.

nu̯-u̯š-ši-iš-tạ šu-up-pa ar-ḫa da-an-zi (7) [na-an IŠ-T]U $^{LÚ.MEŠ}$X ạr-ḫa šu-u̯a-an-zi

"Sie nehmen ihm das (kultisch reine) Fleisch weg (7) [und mi]t den X-Leuten verjagen sie [ihn]."

KUB XVII 6 I 23f. (ursprünglich ah.)

ma-a-an UD 20^{KAM} pa-it a-pa-a-ša ^{GIŠ}lu-ut[-ta-a-i$^{?}$] (24) ar-ḫa šu-u̯a-i-it nu DAM-ŠU$^{!}$ (geschr. -KA) DUMU^{MEŠ}[-ŠU a-uš-ta]

"Als der zwanzigste Tag vergangen war, schob jener aber das Fen[ster] (=Fensterladen?) (24) weg und [sah] seine Frau (und) [seine] Kinder."

OETTINGER, Stammbildung 297: "jener aber blickte aus dem Fenster"; dagegen spricht jedoch

1. daß in KUB XVII 6 "aus dem Fenster blicken" mit au- "sehen" konstruiert wird (I 20,21), nicht mit šuu̯ai-, und
2. die Postposition arḫa "aus" immer -ašta oder -kan erfordert.

(Vgl. HW^{2} au- VIII.3 mit Beispielen für "aus dem Fenster schauen").

KUB XXIII 97 II 2' a]r-ḫa šu-u-u̯[a-an-zi$^{?}$ frgm.

KUB XXIV 14 I 19f. (mit au̯an arḫa)

^{D}A-an-na-mi-lu-li-in-ma-ták-kán SAG.DU-az a-u̯a-an ar-ḫa (20) šu-u̯a-nu-un

"Die Gottheit Annamiluli aber habe ich dir vom Kopfe weg (20) verjagt."

KUB XXVI 77 I 10f. (ah. in Abschrift)

[LUGAL-uš$^{?}$-]tạ šu-ma-ša ^{m}Al-lu-u̯a-am-na-‹an› ^{f}Ḫa-r[a-ap-še-ki-

in (11) [. .]x-aš QA-DU DUMU^{MEŠ}-KU-NU ar-ḫa šu-e[-it]
(Ergänzung šu-e[-mi], so OETTINGER, Stammbildung 294 nach O. CARRUBA, Fs Güterbock 80, eher unwahrscheinlich).
"[Der König$^{?}$] verbannte auch euch, Alluwamna (und) Ḫa[rapšeki] von hier (-ašta) (11) [X] mit euren Kindern."

1.8 mit para "vertreiben, hinaustreiben"

KBo IV 2 I 15
it-tin-u̯a-kán IŠ-TU É.GAL^{LIM} kal-la-ar INIM-tar pa-ra-a šu-u-u̯a-at-tin "geht (und) vertreibt die ungünstige Sache aus dem Palast!"
I 68: nu-u̯a-ra-at-kán pa-ra-a šu-u-u̯a-an-du "sie sollen sie von dort vertreiben."
I 70: nu-u̯a-kán kal-la-ar ut-tar pa-ra-a šu-u-u̯a-an-du "sie sollen die ungünstige Sache von dort vertreiben."

KBo XIII 134 Vs. 7'f.
na-aš-ma DINGIR^{MEŠ} ut-tar [X] (8') pa-ra-a šu-ú-u̯a[-an-du "oder die Götter sollen die Sache [X] (8') hinaustreiben."

mit para und -za -kan "verstoßen"

KBo VI 13 I 13f. (HG II § 56)
ták-ku an-na-aš DUMU.NITA-iš-ši TÚG-ZU e-di na-a-i (14) nu-za-kán DUMU-ŠU pa-ra-a šu-u̯a-a-iz-zi (dafür KBo VI 2 II 3f. šu-ú-iz-zi)

"Wenn eine Mutter ihrem Sohn sein Gewand hinausschafft, (14) verstößt sie ihren Sohn."

Unklares und zu Fragmentarisches

KBo XIII 94.8 von OETTINGER, Stammbildung 295, šụ-u̯a-i̯a-at gelesen und unter "spähen" eingeordnet; ist wohl ≙ kụ-u̯a-i̯a-at ("sich fürchten")

KBo XXII 103.2' -t]a šu-u̯a-a-ir du-u̯a-a[n?

KBo XXII 107 I 17 [tu-]ẹ-ig-ga-az šu-u-u̯a-an-z[i?

KUB XII II? 3' šu-u̯a[-

KUB XXXVI 105 Rs. 4']šụ-ú-ir mA-aš-kạ-l[i-

II. šuu̯ai̯a- "spähen, Ausschau halten" 1)

Hierfür bleiben nur wenige Belege übrig.

KUB XXIX 1 II 51 - III 1 (ursprünglich ah.)

e-ḫu-ta a-ru-na pí-e-i-mi ma-a-an pa-a-i-ši-ma (52) nu ú-i-li-i̯a GIŠTIR-na šu-u-u̯a-i̯a (53) ku-i-e-eš a-ša-an-zi (III 1) a-pa-a-aš-ša EGIR-pa te-iz-zi šu-u̯a-i̯a-u-un-u̯a

"'Komm, ich schicke dich zum Meer. Wenn du aber gehst, (52) spähe auf den grünen Wald, (53) welche (Götter) (da) sind.' (1) Und jener (der Adler) antwortet: 'Ich habe Ausschau gehalten. . .'"

1) Zur Etymologie s. E.P. HAMP, KZ 96 (1983) 99

KUB XLVIII 13 Vs. 15'f.

[in-ni-ri-i]t la-ap-li-pí-it (16') [X] šu-u̯a-i̯a

"[mit der Augenbrau]e, mit der Wimper (16) [X] halte Ausschau!"

Aus diesen Belegstellen geht deutlich hervor, daß šuu̯ai̯a- "spähen, Ausschau halten" nur sehr selten vorkommt und anscheinend nur im Althethitischen lebendig war, da es in jüngeren Texten nicht mehr verwendet wird. Fast alles hier Aufgeführte gehört vielmehr zu šuu̯ai- "in Bewegung setzen" (mit speziellen Nuancen), einem im Althethitischen offenbar häufigen Verbum, das vor allem in der Bedeutung "füllen" neben seinem Medium "anschwellen" auch noch im Junghethitischen geläufig ist.

VI. Indices

1. Hethitisch

-a- "er, sie, es"

-aš Sg.N.c. I 5,8,15,18,28,29,(46); II 72; IV 24/16',25/17',26/18',28/20'

s. auch unter ak-, appa, kuit, kuu̯atta, man, nu

-an Sg.A.c. I 35,57,70; II 21,73; III 75; IV 31/23',32/24',33/25'

s. auch unter kuiš, nu, šu, šumeš, DINGIR

-at Sg.N.-A.n II 49; III 6,48,52(bis); IV 11/3'

s. auch unter apa-, ḫalki-, kuiš, nu

-e/(-i) Pl.N.c. I 62; II 3,29; IV 22/14', 23/15'

s. auch unter kuu̯at, nu, šu

-uš Pl.A.c. I 8,17,27,61; II 11,12,15,28, 29(bis); III 3,5,16

s. auch unter man, nu, šu, uk

-aš Pl.A.c. I 59

s. auch unter kuiš

-(i̯)a (enklitische Konjunktion) "und, auch"
I 3,13,14,15,16,19,24,30,31,39, 57,63,65,66,69; II 2,4,5,8,18, 22,27,28,32,43,46,47,50(bis),53, 59,60,62,66,69,72; III 48; IV 13/5',

16/8',21/13',23/15',25/17' (A IV 1' falsch -ta),27/19'

aiš/isš- "Mund"

iš-ša-az Sg.Abl.n. IV 16/8'

KA×U-az Sg.Abl.n. IV 25/17'

ak- "sterben, getötet werden (auch für Todesstrafe)"

ak-kán-zi Prs.Pl.3. II 29; IV 17/9'

BA.ÚŠ Prt.Sg.3. II 32(bis)

a-ku Imp.Sg.3. I 57; IV 28/20'(bis)

ak-ki-iš-ki-u-u̯a-an (da-a-iš)
Sup. des Dur. I 54

akkušk- Dur. zu eku-/aku- "trinken"

-ašta . . . ak-ku-uš-kir
Prt.Pl.3. III 47

-za ak-ku-uš-kán-du Imp.
Pl.3. II 14

alu̯anzatar "Zauberei, Behexung", t.t. für schwarze Magie

al-u̯a-an-za-tar Sg.N.-A.n. IV 31/23'

al-u̯a-an-za-an-na-aš Sg.G. IV 30/22'

ammel s. uk

ammuk s. uk

anda (Adv.) "dazu (ah.)"; Präverb "ein- (ab Ah.)"

an-da (Adv.) II 26

an-da (eptin) II 72

-za . . . an-da (ḫatkišnuši) II 44

-apa . . . an-da (taruppir) I 61

^{LÚ}antii̯ant- "Schwiegersohn, Bräutigam"

^{LÚ}an-ti-i̯a-an-ta-an Sg.A.c. II 39

antuḫša- "Mensch"

UN-ši(-pát) Sg.D.-L.c. IV 34/26' (C IV 14' UN-ši É-ri-iš-ši-pát)

an-tu-uḫ-ši-iš(-ša) Pl.N.c. II 32

-apa (Ortspartikel; Richtung: von außen nach innen, an etwas heran)

na-pa . . . anda taruppir I 61

na-pa . . . šanḫir I 42,66,69

na-pa . . . šarninkiški III 74

na-pa . . . taruppanteš ašandu II 42

na-pa . . . taruppanteš ešir I 2,13,26

man=apa . . . paizzi II 51

man=apa . . . uu̯anun II 20

man=aš=apa . . . EGIR-pa uizzi I 18

nu=u̯ar=at=apa . . . dair II 49

LUGAL-i=ma=apa (kein Verb) IV 29/21'

apa- "jener"

a-pa-a-aš Sg.N.c. II 37,39

a-pa-a-aš-š(a) Sg.N.c. I 16

a-pí-el-l(a) Sg.G. I 13

a-pí-e-el-l(a) Sg.G. I 19,24

a-pí-e-da-ni Sg.D.-L. IV 34/26'

a-pí-e(-) Pl.N.c. II 15; III 44,45; IV 11/3'

a-pí-e-da-aš(-) Pl.D.-L. II 5

appa (Adv.) "wieder, zurück"; (nur ah.) "danach"

a-ap-pa (u̯eškanta)	II 3 (D Vs.16' EGIR-pa)
EGIR-pa (uizzi)	I 8,18
EGIR-pa(-ma) (uit)	II 32
EGIR-pa (ḫaššuet)	I 13 (B I 12' EGIR-pa-ma, C I 13 sekundär EGIR-ŠU-ma = appanda-ma)
EGIR-pa(-ma-aš) (pait)	I 29

appan (Adv.) "hinterher, hinten (ah.)"; Postpos. mit G. "nach, hinter"; vielleicht schon ah. Präverb

a-ap-pa-an Adv.	IV 14/6'
EGIR-an Adv.	II 68
EGIR-an Postpos.	II 40(G); III 49,69
EGIR-an (šanḫta)	I 59
EGIR-an (sekundär für EGIR-pa) (maknun)	III 43

appanda (Postpos.) "nach, hinter" (sekundär für EGIR-an)

(ammuk) EGIR-an-da	II 40 (G II 10' EGIR-an)

apadda (Adv.) "deshalb, deswegen (ah.)"

a-pád-da	IV 23/15'

appizzi(i̯a)- (ah. appizzii̯a-) "letzter; von niedrigem Rang"

EGIR-iz-zi-iš Sg.N.c.	II 72
ap-pí-iz-zi⟨-es?⟩ N.pl.c.	III 3
[ap-pí-iz-]zi-an-n(a) Adv. "später"	IV 21/13'
ap-pí-iz-zi-i̯a-an(-ma) Adv.	I 21

ar-/er "ankommen"

a-a[r-aš Prt.Sg.3. — I 39

ara (unflektiert) "es (ist) recht"

(<u>Ú-UL</u>) a-a-ra — II 61

arḫa (Adv.) "weg, fort"; auch Präverb

ar-ḫa (parḫta) Präverb — II 12

ar-ḫa(-u̯a parkunummi) Präverb — II 43

ar-ḫa (tarranut) Präverb — I 7,17,27

aruna- "Meer"

a-ru-na-aš Sg.G.c. — I 8,17,27

aši (indecl.) "der betreffende"

a-ši (=man=u̯a) — II 64

-(a)šta (Ortspartikel; Grundbedeutung "aus")

na-aš-ta . . . peššii̯andu — IV 26/18'

na-aš-ta . . . akkuškir — III 47

na-aš-ta . . . parkunuškattin — IV 30/22'

na-aš-ta (Verb fehlt) — IV 16/8'

^{m}I-la-l]i-ú-ma-aš-ta . . . para uii̯at — I 55

^{GIŠ}TUKUL$^{\text{ḪI.A}}$-uš-šu-uš-ta . . . daḫḫun — II 30

aššu- "Gut, Habe"

a-aš-šu-uš-še-it Sg.N.-A.n. — I 28,30

atta- "Vater"

at-ta-aš Sg.N.c.	IV 17/9'
A-BU Sg.N.	IV 15/7'
ad-da-aš(-ša-an)(=addan-šan) Sg.A.c.	I 68
at-ta-aš(-ša-aš) Sg.G.c.	I 69
A-BI-IA Sg.G.	II 16
at-ti-iš Pl.A.c.	IV 21/13',24/16' (C IV 3' at-te[-)

^{LÚ}A-BU BI-TUM "Vater des Hauses (wörtl.), Majordomus"

^{LÚ}A-BU BI-DU	II 70 (F 9' ^{LÚ}A-BU BI-TUM)
$^{\text{LÚ.MEŠ}}$A-BU BI-TUM	II 62
$^{\text{LÚ.MEŠ}}$A-BU É-DU	III 1 (H 4' A-BU É-TIM; F 13' A-BI É[)

au-/u- "sehen"

a-ú Imp.Sg.2.	II 48

azzikk- Dur. von ed- "essen"

-za az-zi-ik-kán-du Imp.Pl.3.	II 14

ep(p)-/ap(p)- "packen, ergreifen"

e-ip-pir Prt.Pl.3.	I 57
e-ip-tin Imp.Pl.2.	II (72, mit anda); IV 32/24'
ap-pa-a-an-du Imp.Pl.3.	II 39

eš- "sein, vorhanden sein"

NU.GÁL	II 37,38
e-eš-ta Prt.Sg.3.	I 2,5,31; II 18,21
e-še-ir Prt.Pl.3.	I 4,20,26; IV 15/7', 19/11'
e-šir Prt.Pl.3.	I 12 (C I 12 e-eš-ta), (15) (B I 14', C I 15 e-še-ir)
e-eš-du Imp.Sg.3.	II 69
a-ša-an-du Imp.Pl.3.	II 13,42; III [5?]

eš-/aš- (Med.) "sich setzen"

-šan . . . e-eš-ḫa-at Prt.Sg.1.	II 16

ešša- "wirken, schaffen" (Dur. zu iia- "machen")

e-eš-ša-an-zi Prs.Pl.3.	II 61; III 45,48; IV 12/4'
e-eš-šu-u̯a-an Sup.	I 23 (B I 22' -š]u-u-u̯a-an)

ešḫar "Blut(tat)"

e-eš-ḫar Sg.N.-A.n.	I 34,42; II 31,33,48; III 47; IV 27/19'
e-eš-ḫar(-še-it) Sg.N.-A.n.	I 70
e-eš-ḫar(-šum-mi-it) Sg.N.-A.n.	I 23
iš-ḫar Sg.N.-A.n.	I 66 (B II 2 e-eš-ḫar-š]i-it; D Vs.8' e-eš-ḫar-še-it)
e-eš-⟨ḫa-⟩na-aš Sg.G.n.	II 47
e-eš-ḫa-na-aš(-pát) Sg.G.n.	IV 27/19'
iš-ḫa-na-aš-š(a) Sg.G.n.	IV 27/19'

ḫaḫḫal- "Busch(werk), Gestrüpp"

ḫa-aḫ-ḫal-la-aš Pl.D.-L.n. I (43),62

^{NINDA}ḫali- (ein Gebäck)

^{NINDA}ḫa-a-li-in Sg.A.c. IV 10/2'

ḫalki- "Gerste, Getreide"

ḫal-ki-i̯a(-ma-at) Sg.D.-L.c. III 6

ḫal-ki-uš Pl.A.c. I 70 (D Vs. 12' -i]š); III 43 (B III 8' ḫal-ki$^{\text{ḪI.A}}$-uš), (49)

ḫaluga- "Botschaft, Nachricht"

ḫa-lu-kán Sg.A.c. I 60

ḫalzai- "rufen"

ḫal-zi-iḫ-ḫu-un Prt.Sg.1. II 34

ḫal-zi-iš-tin Imp.Pl.2. II 51

ḫamenk-/ḫamink- "binden"

-šan . . . ḫa$^{!}$-mi-in-ki-iš-ki-ir Dur.Prt.Pl.3. III 47

ḫantezzi(i̯a)- "erster; erstrangig"

ḫa-an-te-iz-zi-iš Sg.N.c. II 37,38

ḫa-an-te-iz-zi⟨-iš⟩ Sg.N.c. II 72(F 11' ḫa-an-te-iz-zi-iš)

ḫa-an-te-iz-zi-i̯a-aš(-pát) Sg.N.c. II 36

ḫa-an-te-iz-zi-i̯a-an Sg.A.c. II 10

ḫa-an-te-iz-z[i-uš-š(a) Pl.A.c. I 65

ḫa-an-te-iz-zi-i̯a-aš-š(a) Pl.G.c. II 22

ḫar(k)- "haben, halten"

ḫar-si Prs.Sg.2

-za . . . taraḫḫan ḫar-ši — II 43

-za . . . turii̯a[n ḫar-si] — III 73

ḫar-ta Prt.Sg.3.

taraḫḫan ḫar-ta — I 6,16,26

-za . . . DAM-anni ḫar-ta — I 32

pe ḫar-ta — I 31

para ḫingani ḫar-ta — II 28

-az . . . NIN-ZU ‹DAM› ḫar-ta — II 10

ḫark- "umkommen, zugrunde gehen"

ḫar-ki-iš-kán-ta-ri Dur.Med.Prs.Pl.3. — II 57

ḫarnink- "vernichten, zugrunde richten"

ḫar-ni-in-ku-un Prt.Sg.1. — II 17

ḫar-ni-ik-ta Prt.Sg.3. — I 28,29

ḫar-ni-in-ki-iš-ki-it Dur.Prt.Sg.3. — I 7,17

ḫaršar/ ḫaršan- "Kopf"

ḫar-aš-ša-na-ạ Sg.L.n. — II 51

SAG.DU-na-az Sg.Abl.n. — II 52

SAG.DU-az(-pát) Sg.Abl.n. — II 55,59

ḫaššant- (Ptz. zu has(s)-) "geboren, Sohn"

ḫa-aš-ša-an-ta-an Sg.A.c. — I 67 (D Vs.9' ḫa-aš-ša-an-da-an) ḫaššatar "Sippe, Familie"

ḫa-aš-ša-tar Sg.N.-A.n. — II 7

ḫa-aš-ša-tar-š[e-it Sg.N.-A.n. — I 60

ḫa-aš-ša-an-na-aš Sg.G. — II 31,35

ḫa-aš-ša-an-na-aš(-ša-aš) Sg.G. — I 3,14(B),(25); II 6,41

ḫa-aš-ša-an-na-i Sg.D.-L.
(falsche Analogiebildung) — II 49

ḫa-aš-ša-an-na-an-za Sg.Abl. — IV 32/24'(C IV 12' ḫa-aš-ša-an-na-az)

ḫaššanna- "Sippenangehöriger" (Hypostase von ḫaššatar)

ḫa-aš-ša-an-na-an Pl.G.c. — IV 31/23'(C IV 11' ḫa-aš-ša-an-na)

ḫaššanna- oder ḫaššatar?

ḫa-aš-ša-an-na-ša-an(-) =
ḫaššannan-šan Pl.G.c. oder
ḫaššannaš-šan Sg.G. + Pron.Pl.G. — II 45

ḫa-aš-ša-na-aš-ši-ša Pl.N.c.
oder Sg.G. + Pron.Pl.N.c. — I 14 (B I 13' ḫa-aš-ša-an-na-aš-ša-aš)

ḫaššuu̯ai- "als König herrschen, König sein"

ḫa-aš-šu-u-e-it Prt.Sg.3. — I 13

LUGAL-u-e-it Prt.Sg.3. — I (66),69; II 9

LU[GAL-]e-it Prt.Sg.3. — I 24 (B I 23' ḫa-aš-š]u?-u-e-it)

hatkišnu- "bedrängen"

-za an-da . . . ḫa-at-ki-iš-nu-ši — II 44

ḫinkan "Tod"

ḫi-in-ká[n Sg.N.-A.n. III 48

ḫi-in-ga-ni Sg.D.-L. II 28

ḫuišnu- "am Leben erhalten, retten"

ḫu-iš[-nu?- III 54

ḫuišu̯ant- (Ptz. zu ḫuišu̯ai- "leben") "lebend"

ḫu!?-iš-u̯a-an-te-eš Pl.A.c. IV 24/16'

ḫullai-/ḫullii̯a- "bekämpfen"

ḫu-ul-li-it Prt.Sg.3. I 30

ḫullanzai- "Kampf"

ḫu-ul-la-an-zạ-iš Sg.N.c. II 19

ḫurla- "hurrisch, Hurriter"

ḫ]ur-lu-uš Pl.A.c. I 43

ḫur-lu-uš-š(a) Pl.A.c. I 30

ḫurtai- "Fluch, Verwünschung"

ḫu-ur-ta-i-š(a-az) Sg.N.c. IV 18/10'

ii̯a- "machen, tun; jem. etwas antun (mit doppeltem A.)"

i-i̯a-mi Prs.Sg.1. II 15

i-i̯a-zi Prs.Sg.3. II 35(G II 4' i-i̯a-a]z-zi),50,70; III 48

i-e-iz-zi Prs.Sg.3. IV 27/19'

ị-ẹ-ẹn-zi Prs.Pl.3. IV 9/1'

-za i-e-en-zi(-ma) Prs.Pl.3. IV 19/11'

i-i̯a-nu-un Prt.Sg.1. II 30

i-e-it Prt.Sg.3. I 8,18,27

i-e-ir Prt.Pl.3. I (33),34,67; II 15

ilalii̯a- "begehren"

-za$^{?}$] . . . i-[[da]]-la-li-i̯a-an-zi Prs.Pl.3. II 63

ilaššar "Ernteertrag" (s. S. 98ff.)

i-la-aš-ni Sg.D.-L.n. III 46

imma (Adv.) "vielmehr, erst recht"

im-ma II 44

imiul "(Futter)mischung"

i-mi-u-l[a-as] Sg.G.n. III 42

irḫa- "Grenze"

ir-ḫu-uš Pl.A.c. I 8 (B I 7' ir-ḫu-u-uš), 18,27 (B I 26' i]r-ḫu-u-uš)

išḫa- "Herr"

iš-ḫa-a-aš Sg.N.c. IV 28/20'

<u>A-NA</u> EN (= išḫi Sg.D.c.) II 64

iš-ḫa[-š]a (=šmaš=šan) Pl.D.-L. I 22

ištamaš(š)- "hören"

iš-ta-ma-aš-ti Prs.Sg.2. III 72

i]š-[ta-m]a-aš-šụ-un Prt.Sg.1. I 41

iš-ta-ma-aš-šu-un Prt.Sg.1. II 27

ištarna (Postpos. mit G.) "inmitten, zwischen"

iš-tar-na II 50; IV 31/23'

išdu̯a- "offenbar werden"

iš-du-u̯a-a-ti Prt.Med.Sg.3. II 11

idalaueš- "böse ausgehen für jem. (mit D.)"

i-da-la-u-e-eš-zi Prs.Sg.3. IV 34/26'

idalu- "böse, schlecht"

i-da-lu Sg.N.-A.n. II 15,35,70

i-da-a-lu Sg.N.-A.n. II 14,46,50,54,56,60 (E II 6' ḪUL-lu),64 (E II 12' i-da-lu)

ḪUL-lu Sg.N.-A.n. I 33; II 15; III 48 (B III 15' i-da-lu)

iu̯ar (mit G.) "wie"

i-u̯a-ar (PN PN PN-a i.) II 53

izzan "Stroh, Spreu", mit taru "eine Kleinigkeit"

iz-za-an (GIŠ-ru) Sg.N.-A.n. II 61

ka- "dieser"

ki-i Sg.N.-A.n. II 68

ki-i(-u̯a) Sg.N.-A.n. II 47

k]i-i(-u̯a) Sg./Pl.N.-A.n. I 40

ki-iz-za Sg.Abl. II 66

ki-i(-ma) Pl.N.-A.n. II 61

^{LÚ}gaena- "Verschwägerter, angeheirateter Verwandter"

$^{\text{LÚ.MEŠ}}$ga-e-na-aš(-ši-iš) Pl.N.c. I 25; II 41

$^{\text{LÚ.MEŠ}}$ga-e-na-aš(-še-eš-ša) Pl.N.c. I 3

$^{\text{LÚ.MEŠ}}$ga-e-na-aš(-še-iš) Pl.N.c. I 14 (B I 13' $^{\text{LÚ.MEŠ}}$ga-i-na-aš-še-iš)

galank- "besänftigen" (?)

g]a-la-an-kán-te-eš Ptz.Pl.N.c. IV 19/11'

-kan (Partikel des Ortsbezugs)

-kán I 33,35,38,57,(59),64, 68; II 7,8,11,14,[26],45; III 43,53; IV 26/18'

s. auch unter kuen-/kun-, karp-, maknu-, paḫš-, šamen-, takš-

karap-/karip- "fressen, verzehren"

ka-ri!-ip-tin Imp.Pl.2. II 73

ka-ri-pu-u-u̯a-an Sup. I 22

karp-/karpii̯a- "heben; wegbringen"

-kán . . . kar-pa-an[-zi Prs.Pl.3. III 53

karpi- "Wut"

kar-pi-n(a) Sg.A.c. IV 21/13'

karši- "gut, richtig, ordnungsgemäß" (s. S.109ff.)

kar-ši Sg.N.-A.n. (=Adv.) II 47

kar-š[a-uš] Pl.A.c. II 29

karu (Adv.) "früher"

ka-]ru-ú I 2

ka-ru-ú(-u̯a) II 48

kaša (interj.) "siehe"

ka-a-ša(-u̯a) II 33

kạ?-ạ?[-ša? III 44

kašma (Interj.) "siehe, nunmehr"

ka-a-aš-ma	III 53
ka-a-aš-ma(-du-za)	III 50 (C III 16' ka-a-aš-ma-ad-d[u-)

kattan (Postpos. mit D.) "bei, mit"

[kat-ta-]an	I (32)

kiššar "Hand"

ki-iš-ša-ri Sg.D.-L.c./n.	I 71
ki-iš-ša-ri(-mi) Sg.D.-L.c./n.	II 22
ki-iš-ša-ri-i(š-š)i Sg.D.-L.c./n.	I 70
ŠU-i Sg.D.-L.c./n.	I 19

kikkiš- "werden"

ki-ik-ki-iš-ta-ri Prs.Med.Sg.3.	IV 20/12'
-šan . . . ki-ik-ki-iš-ta-ru Imp.Med.Sg.3.	II 36
ki-ik-ki-iš!-šu-u̯-u̯a-an Sup.	I 63

kinun (Adv.) "jetzt"

ki-nu-n(a)	II 59,66; III 48; IV 13/5', 13/15'

gipeššar "Elle"

gi-pí-eš-šar Sg.N.-A.n.	III 46
gi-pí-eš-šar Pl.N.-A.n.	III 46

kiš- "werden, geschehen"

ki-ša-ri Med.Prs.Sg.3. II 40,46,64; III (49),69

ki-ša-at Med.Prt.Sg.3. I (63); II 4,19

ki-ša-ru Med.Imp.Sg.3. II 38,39

kiššan "so, folgendermaßen"

ki-iš-ša-an II 63; III 51,71; IV 27/19'

ki-iš-ša-an(-na) II 43

kit pa(n)dalaz (Adv.) "von diesem Zeitpunkt, von jetzt an"

ki-it pa-an-da-la-az III (69); IV (23/15')

ki-it pa-an-ta-la-az IV 13/5'

ki-it pa-da-la-az II 34 (G II 9' ki-it pa-an-ta-ḷa-a[z)

kuen-/kun- "töten"

-kán . . . ku-en-ti Prs.Sg.2. II 45

[k]u-na-an-zi (ohne Obj.) Prs.Pl.3. II 53

-kán . . . ku-en-ta Prt.Sg.3. I (59),65(bis),68; II 7,9,11,[26]

-kán . . . ku-en-nir Prt.Pl.3. I 33,(57)

kuis, kuit "wer, was; welcher"

ku-iš Sg.N.c. II 37,38,40,50; III (49), [69]; IV 16/8',27/19'

ku-i-š(a) Sg.N.c. II 46

ku-i-š(a-at) III 48

[ku-]ị-š(a-an) Sg.N.c. IV 33/25'(C)

ku-iš(-za)	Sg.N.c.	IV 31/23'
[ku-i-iš$^{?}$-]š(a-an)	Sg.N.c.	IV 33/25' (C IV 13' ku-]i-ša-an)
ku-it	Sg.N.-A.n.	I 40,(41); IV 27/19'
ku-it(-za)	Sg.N.-A.n.	IV 19/11'
ku-e-da-ni	Sg.D.-L.	II 56
ku-i-e-eš	Pl.N.c.	II 61,[63$^{?}$]
ku-e-eš	Pl.N.c.	III 2 (H 5' ku-i-e-eš)

kuišša "jeder"

ku-iš-ša	Sg.N.c.	I (9),19

kuiški, kuitki "irgendein(er); jemand, etwas"

ku-iš-ki	Sg.N.c.	II (14),35,59,70
ku-it-ki	Sg.N.-A.n.	IV 29/21'
ku-it⟨-ki⟩	Sg.N.-A.n.	II 44
ku-in-ki	Sg.A.c.	II 45

kuit (Konj.) "da, weil"

ku-i-t(a-aš-ša)		IV 25'/17'

kurur- "feindlich"

[ku-u-ru-ur$^{?}$]	Sg.N.c.	II [20]

kururi̯a- "feindlich sein"

ku-u-ru-ri-ẹ-it	Prt.Sg.3.	II 1

kuttar "Nacken, (starker) Arm"

ku-ut-ta-ni-i(š-š[i)	Sg.D.-L.n.	IV 14/6'
ku-ut-ta-ni-it	Sg.Instr.n.	I 6,16,26; II 42

kuu̯at (Adv.) "warum"

[ku-u̯a-a]t(-u̯a-ri) II 29

kuu̯atta(n) (Adv. und Konj.) "wohin"

ku-u̯a-at-ta I 9,19,36; II 3

ku-u̯a-at-ta(-aš) I 5,15 (B I 14' ku-u̯a-ta-aš, C I 15 ku-u̯a-t[a-)

kuu̯atqa (Adv.) "irgendwie"

[ku-u̯]a-at-qa IV 25/17'

laḫḫa- "Feld(zug)"

la-aḫ-ḫa Sg.L.c. II 17

la-aḫ-ḫa(-ma) Sg.L.c. I 5,15; II 3

la-aḫ-ḫa-az(-ma) Sg.Abl.c. I 8,18

le "nicht!" (prohibitiv, mit Prs.)

li-e II 14,35,43,45,53,54,56,60; III 5,[45],48,52,72; IV 29/21'

-ma (enklitische Konj.) "aber" I 5,8,15,18,21,29; II 1,3,14, 32,38,44,52,55(bis),56,60(bis), 61,68; III 1,4,6,7,52; IV 11/3', 19/11',28/20',29/21'

makkeš- "viel werden, häufig werden"

ma-ak-ki-eš-ta Prt.Sg.3. II 48

maknu- "vermehren"

-kán . . . ma-ak-nu-nu-un

Prt.Sg.1. III 43

man (Konj.) "als, sobald, wenn (temp.)" (ah.)

ma-a-an I 21,24,[39],58; II 4,(27); IV 15/7',[17/9'],(21/13')

ma-a-n(a-aš) I 8,18; IV 24/16'

ma-a-n(a-pa) II 20,51

ma-a-n(a-ša-pa) I 18

ma-a-an(-ša-an) II 16

man (Konj.) "ob" (jh.)

ma-a-n(a-aš) II 72

man (Konj.) "wenn (kond.), falls" (jh.)

ma-a-an II 38,59,70; II 73

man (Irrealis- und Optativpartikel)

ma-a-n(u-uš-kán) (Irr.) II 11

(a-ši-)ma-an(-u̯a) (Opt.) II 64

manii̯aḫḫ- "verwalten"

ma-ni-i̯a-aḫ-ḫi-eš-ki-ir

Dur.Prt.Pl.3. I 11

maršai- "falsch, untreu sein"

mar-še-e-ir Prt.Pl.3. I 21(B)

maršatar "Betrug"

mar-ša-tar Sg.N.-A.n. III 45

maršeš- "falsch, untreu werden"

mar-še-eš-še-ir Prt.Pl.3. I 21

mašta- "Band, Fessel?"

maš-du[-uš?] Pl.A.c. II 30

mekki- "viel"

me-ig-ga-e-eš Pl.N.c. II 25

mema- "sprechen"

me-ma-aḫ-ḫu-un Prt.Sg.1. II 28

me-mi-iš-ki-]u-u̯a-an Sup. I (39)

-mi- (Poss.-Pron.) "mein"

-mi Sg.D.-L. II 22

-mi-iš-š(a) Sg.N.c. II 18

(A-BI-)I̯A II 16

-mu "mir, mich"

-mu II 15,20

munnai- "verhüllen, verbergen" (s. S.120ff.)

mu-un-na-an-zi Prs.Pl.3. (mit doppeltem A.) II 29

naḫḫ- "(sich) fürchten, ehrfürchtig sein"

na-aḫ-ḫa-an-te-eš Ptz.Pl.N.c. IV 15/7', [22/14'?]

naḫšarii̯a- "sich fürchten"

na-aḫ-ša-ri-i̯a-ta-ti Med.Prt.Sg.3. I 35

nai-/ne- "leiten, bringen"

[na-a-ir$^{?}$] Prt.Pl.3. I [61]

na-eš-ḫụ-u[t] Med.Imp.Sg.2. III 6

namma (Adv.) "ferner; wieder (im Satzinneren)"

nam-ma II 46,70; III [3,4$^{?}$],48(B)

nasma (Konj.) "oder"

na-aš-ma II 71; III 46,(75)

naššu (Konj.) "entweder"

na-aš-šu II 70; III 46,75

natta (Adv.) "nicht"

na-at-ta IV 18/10'

Ú-UL I 37,(71); II 3,15,26,44, 45,57,(61); III 54; IV 10/2', 22/14'

Ú-UL-ma IV 33/25'

nu (Konj.) "nun, und" I 5,6,7(bis),9,11,12,16,17 (bis),18,21,23,26,(27),28 (bis),29,[32],33,34,[35], [39],(44),(53);II 9,11,15, 17(bis),19,21,25,27,31(bis), 32,34,37(bis),38,39,46,50,

	51,52,55,59,63; III 49; IV 15/7',17/9',27/19',29/21', 33/25'
nu-kán	I 33,38,64,68; II 8,[26]; III 43
na-aš	I (28),46; IV 28/20'
na-aš-kán	IV 26/18'
na-at	III 52; IV 18/10'
na-an	I 70; II 21; III 75; IV 32/24'
nu-uš	I 8,17,27,61; II 12,28,29; III (5),(16)
ne	II 3; IV 22/14',23/15'
nu-ut-ta	III 51,(71)
nu-ut-tàk-kán	III 53
nu-uš-ši	I 67; II 47; III 48
nu-uš-ši-iš-ša-an	II 35(J),39
nu-uš-ši-ša-an	II 35
nu-uš-ma-aš	II 13,30
nu-uš-ma-ša-an	II 73
na-pa	I 2,13,24,[42],60,66,69; II 40; III 74
na-aš-ta	III 47; IV 16/8', 26/18', 30/22'
nu-uš-ša-an	I 62; II 64; III 43(B,C),46
nu-za	I 31,56; II 42,44; III 73
nu-za-kán	II 7
nu-u̯a	I 40
[nu-]u̯a[!]-kán	I 35
nu-u̯a-[z]a	II 14

nu-u̯a-ra-ta-pa	II 49
nu-u̯a-ru-uš	II 29
nu-u̯a-at-ma-[a]z	III 52
paḫš- "schützen"	
-kán . . . pa-aḫ[-ḫa-aš-ḫa??	
Med.-Pass.Prs.Sg.1.	I 35
pa[-aḫ-š]e-ir Prt.Pl.3.	I 35
paḫšanu-/paḫḫašnu- "schützen"	
pạ-ạḫ-ḫa-aš-nu-u̯a-an-te-ẹš	
Ptz.Pl.N.c.	III 4
pai- "gehen"	
pa-iz-zi Prs.Sg.3.	I 5,9,15,19; II 3,51
pa-a-un Prt.Sg.1.	II 17
pa-it Prt.Sg.3.	I 28,29,36
pa-a-an-du(-u̯a-az) Imp.Pl.3.	II 13
pai- "geben"	
pí-iḫ-ḫu-un Prt.Sg.1.	II 30
pí-an-du Imp.Pl.3.	III 48
pí-i̯a-ni(-ma) singulär, fehlerhafter Inf. oder Fehler für pii̯atar	II 60
pí-eš-k[i-u-u̯a-an Sup.des Dur.	I 38
paltana- "Schulter"	
ZAG.UDU-za Sg.Abl.c.	II 30(G II 3 pa!-a[l-ta-na-az)

pangarii̯a- "zahlreich werden, überhand nehmen"

pa-an-ga-ri-i̯a-at-ta-ti

Med.Prt.Sg.3. II 31,33

panku- "Gesamtheit" (Gemeinschaft der Palastangestellten)

pa-an-ku-uš Sg.N.c. II 28,72

pa-an-ku-uš(-ši⟨-iš⟩) Sg.N.c. II 47

pantala- s. kit pantalaz

para (Adv.) "außerdem";

(Postpos. mit Abl.) "aus - heraus";

(Präverb) "hinaus, heraus (mit -ašta)", "hin (ohne Part.)"

pa-ra-a Adv. III 46

-ašta . . . pa-ra-a (peššii̯andu)

Postpos. IV 26/18'

-ašta pa-ra-a (uii̯at) Präverb I 56

pa-ra-a (ḫingani ḫarta) Präverb II 28

parranda (Adv.) "darüber hinaus"

pár-r]a?-an-da III (3)

pár?-]ra-an-da III (70)

parḫ- "treiben, mit arḫa "fortjagen, verbannen"

arḫa pár-aḫ-ta Prt.Sg.3 II 12

pár-ḫi-ir Prt.Pl.3. I 62

pár-ḫa-an-du-uš Ptz.Pl.A.c. I 43

parkunu- "rein-, freimachen von; bereinigen"	
arḫa(=u̯a) pár-ku-nu-um-mi	
Prs.Sg.1.	II 43
pár-ku-nu-ši(=ma=za) Prsg.Sg.2.	II 44
-ašta . . . pár-ku-nu-uš-kat-tin	
Dur.Imp.Pl.2.	IV 30/22'
-pat (hervorhebende Partikel)	
-pát	II 5,31,36,55,59; III 44,45; IV (24/16'), 26/18',27/19',34/26' (3mal, davon 2mal C)
pe (Präverb) "hin"	
pí-e (ḫarta)	I 31
peššii̯a- "werfen"	
-ašta . . . pí-eš-ši-i̯a-an-du	
Imp.Pl.3.	IV 26/18'
pii̯a- "(hin)schicken"	
pí-i-e-it Prt.Sg.3.	II 6,8
pí-i-ẹ-i[r] Prt.Pl.3.	II 25
pir-, parn- "Haus"	
p]ár-ni Sg.D.-L.n.	III 2
[pár?-]ni Sg.D.-L.n.	IV 22/14'
É-ri-i(š-ši-pát) Sg.D.-L.n.	IV 34/26'(C)
É-ri-i(š-ši-iš-ši) Sg.D.-L.n.	II 54

É-ir-za Sg.Abl.n. IV 26/18'
É-ZU(=ma=šši) II 60
É-SU(=ma=šši=ššan) II 55
É^{MEŠ} II 13,63
É^{MEŠ}-ŠU-NU I 21(B I 20' É$^{\text{HI.A}}$-ŠU-NU)
II 57
É $^{\text{NA}_4}$KIŠIB III 33,42,50
É^{MEŠ} $^{\text{NA}_4}$KIŠIB III 17

šai-/šiịa- "siegeln"
ši-ẹ-e[š-ki-ši Dur.Prs.Sg.2. III 52
ši-i-e-eš-ki Dur.Imp.Sg.2. III 50,(52)

šak(k)-/šek(k)- "etw. wissen, jem. kennen"
ša-ak-ki Prs.Sg.3. IV 31/23'
š[a-qa-a]ḫ-[ḫu-]u-un! Prt.Sg.1. II 26
še-ik-tin Imp.Pl.2. II 68

^{LÚ}šalašḫa- "Kutscher(?)"
$^{\text{LÚ.MEŠ}}$ša-la-aš-ḫi-ịa-aš Pl.N.c. II 67 (F 4' $^{\text{LÚ.MEŠ}}$ša-la-aš-ḫi-e-eš)

šalli- "groß"
GAL.GAL^{TIM} I 12(B I 11' RA-BU-Ú-TIM,
C I 12 GAL.GAL),
20(B I 18' GAL^{TIM})
šal-la-i Sg.D.-L. II 49
šal-la-aš(-pát) Sg.G. II 31
šal-la-ẹ[-eš?] Pl.N.c. III 2

GAL^{TIM}	II 62; III 1
GAL DUMU^{MEŠ}.É.GAL	II 60,62,(71); III 1
GAL.GEŠTIN(-)	II 62,(71); III 1(F 14' [GA]L LU^{MES}GEST[IN])
GAL $^{LÚ.MEŠ}$IŠ	III 2
GAL LÚ^{MEŠ} ME ŠE-DI	II 5; III (2)
GAL ME ŠE-DI	II 62(E II 9' GAL LÚ^{MEŠ} ME ŠE-TI),71
GAL $^{LÚ.MEŠ}$UGULA LI-IM ṢE-RI	II 71

šamen- "verzichten auf, verlustig gehen (mit Abl.)"

-kán . . . ša-me-en-du Imp.Sg.3.	IV 26/18'(C IV 6' ša-mị[-)

-šan (Partikel des Ortsbezuges; lokativ.)

-ša-an	I 22,62; II 16,35,36,39, 55,64; III 46

s. auch išḫa-, man, nu, pir-, LUGAL

šanḫ- "planen, fordern"; mit appan "forschen nach etw."

ša-an-aḫ-zi Prs.Sg.3.	II 46
-apa . . . ša-an-ḫi-ir Prt.Pl.3.	I (42),66,70
EGIR-an ša-an-aḫ-ta Prt.Sg.3.	I 59

šara (Adv.) "nach oben, hinauf"

ša-ra-ạ (ulešta)	I 33

šarra- "teilen"

šar-r[i-i̯]a-u-u̯a-an Sup.	IV 22/14'
šar-ra-an[-n]a Inf.	IV 25/17'

šarra- "Teil, Anteil"

šar-ra-az(-pát) Sg.Abl.c. IV 26/18'(C)
(statt šarranaz)

šarrana- "Teil, Anteil" (älter als šarra- ?)

šar-ra-na-a[š? še-ir? Sg.G.c. IV 24/16'

šar-ra-na-za(-pát) Sg.Abl.c. IV 26/18'

šarnink- "büßen, Ersatz leisten"

-apa . . . šar-ni-in-ki-iš-ki
Dur.Imp.Sg.2. III 74

šar-ni-ik-du(-) Imp.Sg.3. II 52,55,59;
IV 29/21'(bis)

šer (Postpos. mit G. oder D., ohne Ortspart.)
"wegen, betreffs"

še-ir II 57; IV 24/16'

-ši- "sein, ihr" (Possessivpron.)

(pa-an-ku-uš-)ši⟨-iš⟩ Sg.N.c. II 47

(a-aš-šu-u)š-še-it Sg.N.-A.n. I 28,30

(e-eš-ḫar-)še-it Sg.N.-A.n. I 70

(ut-tar-)š[e-i]t Sg.N.-A.n. II 51

(ḫa-aš-]ša-tar-)š[e?-it Sg.N.-A.n. I 60

(ḫa-aš-ša-an-na-aš-)ša-aš Sg.G. I 3,(25); II 6,41

(at-ta-aš-)ša-aš Sg.G. I 69

(ad-da-aš-)ša-an Sg.A.c. I 68

(DUMU-aš-)ša-an Sg.A.c. I 67 (B)

(ki-iš-ša-ri-i)š-ši Sg.D.-L. I 70

(ku-ut-ta-ni-i)š-ši Sg.D.-L.n. IV 14/6'

(É-ri-i)š-ši(-pát) Sg.D.-L.n. IV 34/26' (C)

(É-ri-i)š-ši-i(š-ši) Sg.D.-L.n. II 54

($^{\text{LÚ.MEŠ}}$ga-e-na-aš-)še-iš Pl.N.c. I 14

($^{\text{LÚ.MEŠ}}$ga-e-na-aš-)še-eš-š(a)

Pl.N.c. I 3

($^{\text{LÚ.MEŠ}}$ga-e-na-aš-)ši-iš Pl.N.c. I 25; II 41(G II 17' -še-eš)

(LÚ^{MEŠ} ḫa-aš-ša-na-aš-)ši-š(a)

Pl.N.c. I 14(B I 13' -ša-aš)

(^{GIŠ}TUKUL$^{\text{ḪI.A}}$-uš-)šu-uš(-ta)

Pl.A.c. II 30

(ḫa-aš-ša-an-na-)ša-an(-) G.Pl. II 45

für -<u>ŠU</u> siehe unter pir-, ÉRIN^{MEŠ}, ÌR, ^{LÚ}KÚR, NIN, ŠEŠ, DAM, DUMU

-ši "ihm, ihr"

-ši I 67; II 1,35,39,47,54, 55,60; III 48

s. auch unter nu, panku-, pir-, utne

šišša- "siegeln"

š]i-e-eš-ša-an-du Imp.Pl.3. III 44(B,C III 10' ši-iš-ša-an-du)

šiun-, šiuni- "Gott"

DINGIR^{LIM}-iš Sg.N.c. (jh.) I (63); II 4

DINGIR^{MEŠ}(-) I (35),66,67(D Vs.9' DINGIR^{MEŠ}-ni),69(D Vs.11' DINGIR^{MEŠ}-]iš; E I 3' DINGIR$^{M]EŠ}$-iš; C II 14 DIN]GIR^{MEŠ}-iš); II [21]

DINGIR^{MEŠ}-iš Pl.N.c. I 42; II 49

ši-ú-na-an Pl.G.c. (ah.) II 32

šiuni̯aḫḫ- "von einem Gott (mit Krankheit) geschlagen werden"

ši-ú-ni-i̯a-aḫ-ḫa-ti Med.Prt.Sg.3. IV 23/15'

-šmaš "euch"

(nu-u)š-ma-š(a-an) II 73

(nu-u)š-ma-aš II 30

-šmaš "ihnen"

(nu-u)š-ma-aš II 13,30

(i-da-a-lu-ma-a)š-ma-aš(-kán) II 14

-šmi- "ihr" (Possessivpron.)

(e-eš-ḫar-)šum-mi-it Sg.N.-A.n. I 23

(ŠUM-a)š-mi-it Sg.Instr.n. III 50,52

(iš-ḫa[-š]a-a)š-ma-aš(-ša-an)

Pl.D.-L. I 22(B I 21' =ša ma-aš-ša-an)

für -ŠU-NU s. unter pír-, A.ŠÀ, GUD, SAG.GEME.ÌR, ^{GIŠ}SAR, AR-DU

šu (Konj.) "dann, (und) dann" (ah.)	
še	I 62
ša-an-k[án	I 57
šu-uš	III 3
šumeš "ihr"	
šu-me-eš-š(a) Pl.N.	II 47
šu-me-e-š(a!-an) Pl.N.	IV 31/23'
šu-ma-a-aš Pl.N. (jh.)	II 68 (E II 16' šu-me-eš; F 5' šu-ma-aš)
šu-ma-aš-š(a) Pl.N. (jh.)	II 72 (F 11' šu-ma-a-š[a; H 2' šụ-um-me-eš-šạ; G III 5' š]u-ma-a-ša)
šuu̯ai- "in Bewegung setzen, ins Werk setzen" (s. S.123ff.)	
šu-u̯a-a-i-e-iz-zi Prs.Sg.3.	II 51
-ta "dir, dich"	
(nu-u)t-ta	III 51,(71)
(nu-u)t-tá(k-kán)	III 53
da- "nehmen"	
-šta . . . da-aḫ-ḫu-un Prt.Sg.1.	II 30
da-aš-kán-du Imp.Dur.Pl.3.	III 3
da-an-na Inf.	II 63
dai- "legen, (in die Hand) geben"; mit Sup. "beginnen, etwas zu tun"	
da-a-ir Prt.Pl.3.	II 22,49

da-a-iš Prt.Sg.3. (mit Sup.) — I [40],54,64

da-a-ir Prt.Pl.3. (mit Sup.) — I 22(bis),23(B; A ti-i-e-ir); IV 22/14'

ti-i-e-ir Prt.Pl.3. (mit Sup.) (sekundäre Form) — I 38

takš-/ takkiš- (schon ah.) "zuteilen, zufügen, unternehmen, (Dolch) zücken"

ták-ki-eš-zi Prs.Sg.3. — II 35

-kán . . . tág-ga̩-aš-ši Prs.Sg.3. — II 15

tàk-ki-iš-ki-iz-[z]i Dur.Prs.Sg.3. — II 65

tág-ga-aš-te-ni Prs.Pl.2. — II 60

ták-ki-iš-ša-an-zi Prs.Pl.3. — II 54,56

tág-ga-aš-ta Prt.Sg.3. — II 13

takku "wenn" (kond.) (ah.)

ták-ku — II 36,55; IV 28/20'(bis)

dala-/dalii̯a- "(in Ruhe) lassen"

da-li-i̯a-an-zi Prs.Pl.3. — III 50

tamatta (Adv.) "an anderem Ort"

t]a$^{?}$-ma-a-at-ta — IV 12/4'

tan "zweiter" (unflektiert)

ta-a-an pí-e-da-as "zweiten Ranges" — II 37 (G II 12' da-a-an pí-e-da-a̩n) dandukessar "Vergänglichkeit"; (als freischwebender G.)"Mensch"

da-an-du-ki-iš-na-aš Sg.G. IV 21/13'

tabarna- (Titel des heth. Königs)

ta-ba-ar-na Stammform I 1

tarranu- "mächtig machen; mit arḫa "entmachten"

ar-ḫa tar-ra-nu-ut Prt.Sg.3. I 7,17,27

tarḫ- "besiegen"

tar-aḫ-ḫa-an (ḫarta) Ptz.Sg.N.-A.n. I 6,16,26

-za . . . tar-aḫ-ḫa-an (ḫarši)

Ptz.Sg.N.-A.n. II 43

tarna- "lassen, verlassen"

tar-na-at-ti Prs.Sg.2. III 5

tarup(p)- "vereinigen, (ver)sammeln"

-apa . . . an-da ta-ru-up-pí-ir

Prt.Pl.3. I 61

-apa . . . ta-ru-up-pa-an-te-eš

Ptz.Pl.N.c. I 4,15,25; II 42

taštaši̯a- "konspirieren, sich verschwören"

-šan ta-aš-ta-še-eš-ki-u-u̯a-an

(dair) Dur.Sup. I 22(B I 21'

ta-aš-ta-ši-iš-kị[-)

te-/tar- "sagen" (taršik- älter als tarašk-)

te-e-ši Prs.Sg.2. II 43

te-iz-zi Prs.Sg.3. III 71; IV 28/20' (3mal)

da-ra-an-zi Prs.Pl.3. II (63); III 51 (C III 18' da-a-ri-i̯a[-)

te-it-te-en Imp.Pl.2. II 47

tar-ši-ki-mi Dur.Prs.Sg.1. II 15

tar-ši-ịk-kán-zi Dur.Prs.Pl.3. II 33

tepšanu- "zuschanden machen"

te-ip-šạ[-nu-zi? Prs.Sg.3. III 70

tepu- "wenig"

te-pu Sg.N.-A.n. I 5

tii̯a- "treten"

t]i-i-e-ir Prt.Pl.3. III 68

tittii̯a- "säugen, nähren, versorgen"

ti-it-ti-i̯a-an-te-eš Ptz.Pl.N.c. I 12(B I 11' ti-it-ti-i̯a-an-ta), 20

-du "dir, dich" (vor -za)

(ka-a-aš-ma-)du(-za) III 50(C III 16' kă-ă-aś-ma-ad̆-d[u-)

tulii̯a- "(Rats)versammlung"

tu-li-i̯a-an Sg.A.c. II 34,51

tuppi- "(Ton)tafel"

tup-pí-az Sg.Abl.n. — II 48

DUB.1.KAM — IV 35

turii̯a- "anspannen"

-za . . . tu-u-ri-i̯a-a[n ḫarši

Ptz.Sg.N.-A.n. — III 73

duddumili (Adv.) "heimlich"

du-ud-du-mi-li(-) — II 5,25,52

dụ-ud-da-mi-li — I 56

-u̯a(r) (Partikel der direkten Rede) — I 35,40(bis),57,59; II 13,14(bis),15(bis), 29(bis),33,43,47,48,49, 64; III 52; IV 28/20', 29/21'

u̯aḫ-/u̯eḫ- "sich wenden"

ú-e-ḫa-at-t[a-at Med.Prt.Sg.3. — I 45

u̯aggarii̯a- "aufwiegeln"

u̯a-ag-ga-ri-i̯a-at Prt.Sg.3. — II 21

u̯asta- "sündigen"

u̯a-aš-ta-i Prs.Sg.3. — II 55,59

u̯atar "Wasser"

u̯]a-a-tar Sg.N.-A.n. — III 6

u̯eri̯i̯a- "(an)rufen, nennen"	
ú-e-ri-iz-zi Prs.Sg.3.	IV 25/17'(bis)(C IV 4' ú-e-ri-i-e-iz-ẓi)
ú-e-ri-ir Prt.Pl.3.	I (43?),46
u̯eda-/uete- "bauen"	
ú-e-da-an-te-eš Ptz.Pl.N.c.	III 4,5
ui̯a- "(her)schicken", mit para "aussenden"	
-ašta . . . para u-i-[i̯]a-a[t] Prt.Sg.3.	I 56
uk, uga "ich"	
u-ga(-u̯a-ru-uš) N.	II 15
am-me-el G.	II 64; III 49(D Rs.1' -]mu-uk),(69)
am-mu-uk D.	II 40 (G II 10' -]mẹ-ẹ-ẹl)
ulai- "sich hinbegeben?"	
šara ú-li-eš-ta Prt.Sg.3.	I 33
uda- "(her)bringen"	
ú-da-aš Prt.Sg.3.	I 29,60
uttar "Wort, Sache"	
ut-tar Sg.N.-A.n.	I(33); II 11,47,68; III (65?); IV 27/19'
ut-tar(-š[e-i]t) Sg.N.-A.n.	II 51
ud-da-a-ar Pl.N.-A.n.	II 61(E II 8' ut-tar); IV 30/22'

utne "Land"

ut-ne-e Sg.N.-A.n.	I 5,6,7(bis),11,16,17(bis; B I 16' KUR-e),26,27,(45)
ut-ni-e Sg.N.-A.n.	II 42
KUR-e(-ma-aš-ši) Sg.N.-A.n.	II 1
ut-ne-e Sg.D.-L.n.	I 9,19; III 47(C III 13 ut-ni-e)

utnei̯ant- "Landbevölkerung"

ụt-ni-i̯a-an-za Sg.N.c.	III 45(B III 10' ut-ne-i̯a-an[-; C III 10' ụt-n[e-)
ut-ne-e-an[-za Sg.N.c.	I 36

uu̯a- "kommen"

ú-u̯a-ši Prs.Sg.2. (phras.)	II 42(G II 12' ú-u̯a-a-ši)
ú-iz-zi Prs.Sg.3.	I 8,18(mit -apa); IV 33/25' (phras.)
-apa . . . ú-u̯a-nu-un Prt.Sg.1.	II 20
ú-it Prt.Sg.3.	I 44; II 32(phras.)
ú-e-eš-kán-ta (mit appa) Dur.Med.Prs.Pl.3.	II 4(B II 10 ú-i-iš-kán-ta)

uu̯ate- "herbringen"

ú-u̯a-te-iz-zi Prs.Sg.3.	IV 33/25'
ụ́-u̯a-te-ir Prt.Pl.3.	II 28
ụ́-u̯a-te-it-tin Imp.Pl.2.	IV 32/24'(A IV 9' -]te-it-te[-en)

-za (Reflexivpartikel)

-za — I 31,56; II 7,9,13,14,42, 44(bis),45,63; III 50,52, 73; IV 18/10',19/11',31/23'

zaḫḫai- "Schlacht"

za-aḫ-ḫa-it Sg.Instr.c. — IV 18/10'

zik, zigga "du"

zi-ik N. — III (51)

zi-ig-ga N. — III 72

2. Zahlen

1 — II 32,46; IV 10/2'(?)

2 — III 46

5 — II 13

10-iš (zehnmal) — III 6

20-iš (zwanzigmal) — III 6

34 — III 42

<u>ŠŪŠI</u> (60) — III 32

ME (100) s. Akkadogramme

LĪMU (1000) s. Akkadogramme

3. Sumerogramme

A.GÀR "Flur" (heth. kuera-)

A.GÀR$^{ḪI.A}$ III 44

^{LÚ}AGRIG "Verwalter"

$^{LÚ.MEŠ}$AGRIG III 50

^{LÚ}APIN.LAL "Bauer"

$^{LÚ.MEŠ}$APIN.LAL II (30); III 43

A.ŠÀ "Feld" (heth. gimra-)

Ạ.ŠÀ III 44

A.ŠÀ$^{ḪI.A}$-ŠU-NU II 57

^{GIŠ}BANŠUR "Tisch"

LÚ$^{MEŠ\ GIŠ}$B[ANŠU]R II 67

BA.ÚŠ s. ak-

DAM "Gattin"

DAM-an Sg.A.c.	I 32(B)
DAM-ŠU	II 54
DAM-KA	III 75

DAM-atar "Stellung einer Gattin; Ehe" (defektiv)

DAM-an-ni (ḫarta) Sg.D.-L.	I 32 (sekundär für B DAM-an)

DUB s. tuppi-

DUMU "Kind, Sohn"

DUMU	I 64
DUMU^{RU}	II 36(G II 11' DUMU^{MEŠ}.NITA), 37
DUMU-an Sg.A.c.	II 35
DUMU-aš-š[a-an = DUMU-an = šan Sg.A.	I 67(B)
DUMU-ŠU	II 6
DUMU-ŠU-i̯a	II 60
DUMU^{MEŠ}-ŠU	I 2,9,13,18,24,[58],64; II 7,8,41,54,56
DUMU^{MEŠ}-ŠU-i̯a	I[57]
DUMU^{MEŠ}-KA	III[75$^{?}$]

DUMU.É.GAL "Hofjunker"

DUMU^{MEŠ}.É.GAL	I(55); II 66
GAL DUMU^{MEŠ}.É.GAL	I 60; II 62,(71); III 1(H 4' GAL ^{LÚ}[)

DUMU.LUGAL "Königskind, Königssohn"

DUMU.LUGAL	II 32,36(bis),59,63(E II 10' nur LUGAL)
DUMU.LUGAL-ma	II 38,55
DUMU^{MEŠ}.LUGAL	I 21; II 60(E II 7' DUMU.LUGAL)
DUMU^{MEŠ}.LUGAL-ma	II 56

DUMU.SAL "Tochter"

DUMU.SAL	II 38

É "Haus" s. pir-, parn-

É.GAL "Palast" (heth. šaramna-) — IV 32/24'(A IV 9' É.GAL$^{\underline{LIM}}$)

EN s. išḫa-

ÉRIN^{MEŠ} "Heer, Truppe(n)" (-t(t)-Stamm)

ÉRIN^{MEŠ}	I [30],[38],(43); III (74)
ÉRIN^{MEŠ}-za(-mi-iš-ša) Sg.N.c.	II 18
ÉRIN^{MEŠ}-a[n Sg.A.c.	I 38
ÉRIN^{MEŠ}-uš Pl.A.c.	II 3
ÉRIN^{MEŠ}-<u>ŠU</u>	I 3,14,25; II 41

EZEN "Fest"

EZEN	IV 17/9'

$^{\text{(GIŠ)}}$GEŠTIN "Wein" (heth. u̯ii̯ana-)

GEŠTIN   IV 11/3'

^{GIŠ}GEŠTIN$^{\text{ḪI.A}}$-uš Pl.A.c.   I 71

GAL.GEŠTIN (hoher Würdenträger)   II (71); III 1(F 14' [GA]L LÚ^{MEŠ} GEŠT[IN])

GAL.GEŠTIN-i̯a   II 62

GÍR "Dolch"

GÍR-an Sg.A.c.   II 35; IV 14/6'

GISKIM "(Vor)zeichen" (heth. šagai-)

GISKIM-iš Sg.N.c.   II 69

GIŠ "Holz" (heth. taru-)

(izzan) GIŠ-ru Sg.N.-A.n.   II 61

GUD "Rind"

GUD$^{\text{ḪI.A}}$-uš Pl.A.c.   I 71

GUD$^{\text{ḪI.A}}$-<u>ŠU-NU</u>   II 58

GUŠKIN s. (LÚ) ^{GIŠ}ŠUKUR GUŠKIN

^{GIŠ}GU.ZA "Thron"

^{GIŠ}GU.ZA   II 16

ḪUL-lu s. idalu

ḪUR.SAG "Berg"

ḪUR.SAG-aš Sg.N.c.   III 30

IBILA "Erbsohn"

IBILA	II 38

IGI "Auge" (heth. šakuu̯a)

IGI$^{HI.A}$-u̯a Pl.N.-A.n.	II 29

ÌR "Diener, Sklave"

ÌR^{MEŠ}	I 21
ÌR^{MEŠ}-ŠU	I 65
ÌR^{MEŠ}-ŠU-NU	II 58(E)

^{LÚ}IŠ "Knappe, Wagenlenker"

$^{LÚ.MEŠ}$IŠ	III 2
$^{LÚ.MEŠ}$IŠ GUŠKIN "Goldknappen"	II 66

KAxUD "Zahn" (heth. šišai-?)

^{UZU}KAxUD-it Sg.Instr.	II 73

KÁ "Tor" (heth. aška-)

KÁ É.GAL	IV 32/24'

KA$_5$.A "Fuchs"

KA$_5$.A$^{HI.A}$-uš Pl.A.c.	I 43

KAŠ "Bier" (heth. šeššar)

KAŠ	IV 11/3'

^{LÚ}KAŠ$_4$.E "Läufer"

^{LÚ}KAŠ$_4$.E	II 8

^{NA_4}KIŠIB s. É ^{NA_4}KIŠIB bei pir-, parn-

^{LÚ}KÚR "Feind"

^{LÚ}KÚR-an Sg.A.	I 6 (B I 5 $^{LÚ.MEŠ}$KÚR-an)
^{LÚ}KÚR-an Sg.G.	I 16 (B I 14 $^{LÚ.MEŠ}$KÚR-an), 26; II 42
^{LÚ}KÚR^{MEŠ}-ŠU	I 67 (C II 13 ^{LÚ}KÚR-ŠU)

LÚ "Mann" (heth. piš(e)na-?)

LÚ^{MEŠ} LI-IM	II 22
LÚ^{MEŠ} GAL^{TIM}	II [62]; III (1)
LÚ^{MEŠ}ḫa-aš-ša-na-aš-ši-ša	I 14
LÚ^{MEŠ} ḫa-aš-ša-an-na-aš-ša-aš	I 3, (25)

LUGAL "König" (heth. ḫaššu-)

LUGAL-uš Sg.N.c.	II 20,(26),27,37,39,40,46; III 49,69
LUGAL-uš(-ša-an) Sg.N.c.	II 36
LUGAL-uš-š(a) Sg.N.c.	II 28
LUGAL-u̯a-aš Sg.G.c.	II 50
LUGAL-aš Sg.G.c.	III [2$^?$]
LUGAL-i(-ma-pa) Sg.D.-L.c.	IV 29/21'
LUGAL	II 29
LUGAL.GAL	I 1,2; III 7

LUGAL-u̯ai s. ḫaššuu̯ai-

^{LÚ}MUḪALDIM "Koch"

$^{LÚ.MEŠ}$MUḪALDIM	II 67

NAM.RA "Zivilgefangener, Umsiedler" (heth. arnuu̯ala-)

NAM.RA-an Sg.A.c.	III 73
NAM.RA^{MEŠ}	I 28 (B I 27 NAM.RA$^{HI.A}$), 30

^{LÚ}NIMGIR "Vogt"

$^{LÚ.MEŠ}$NIMGIR ERÍN$^{ME[Š}$ "Truppenvögte"	III 2

NIN "Schwester"

NIN$^{!}$	I 32
NIN-aš Sg.G.c.	II 46
NIN-ZU	II 10
NIN^{MEŠ}-n(a) Pl.G.c.	II 50

NU.GÁL s. eš-

^{GIŠ}PA "Stab, Zepter"

LÚ ^{GIŠ}PA "Stabträger"	II 25
LÚ^{MEŠ} ^{GIŠ}PA	II 24,67

SAG.GÉME.ÌR^{MEŠ} "Gesinde"

SAG.GÉME.ÌR^{MEŠ}-ŠU-NU	II 58

SAL.LUGAL "Königin" (heth. ḫaššuššara-)

SAL.LUGAL	I 53,(54),57,58; II 32

^{GIŠ}SAR.GEŠTIN "Weingarten"

^{GIŠ}SAR.GEŠTIN$^{HI.A}$-ŠU-NU	II 47 (E II 4' ^{GIŠ}SAR ^{GIŠ}GEŠTIN$^{HI.A}$-ŠU-NU)

^{LÚ}SÌLA.ŠU.DU$_8$(.A) "Mundschenk"

^{LÚ}SÌLA.ŠU.DU$_8$.A-aš Sg.N.c. I 31

$^{\text{LÚ.MEŠ}}$SÌLA.ŠU.DU$_8$ II 23

$^{\text{LÚ.MEŠ}}$SÌLA.ŠU.DU$_8$.A II 67

SIG$_5$-in (Adv.) "gut"

SIG$_5$-in II 3,45

^{LÚ}ŠÀ.TAM "Kämmerer" (heth. ḫamina-)

$^{\text{LÚ.MEŠ}}$ŠÀ.TAM II 23

ŠEŠ "Bruder"

ŠEŠ-aš Sg.G.c. II 46

ŠEŠ^{MEŠ}-n(a) Pl.G.c. II 50

ŠEŠ^{MEŠ}-ŠU I (2),14,25; II (13),26,40

ŠU s. kiššar

^{LÚ}ŠU.GI "alter Mann, Greis" (heth. mii̯aḫḫuu̯ant-)

^{LÚ}ŠU.G[I I 63

^{GIŠ}ŠUKUR "Speer"

LÚ ^{GIŠ}ŠUKUR GUŠKIN

"Mann des Goldspeeres" II 6

ŠU.NIGIN "Summe"

ŠU.NIGIN III 32,42

^{GIŠ}TUKUL "Waffe, Werkzeug"

^{GIŠ}TUKUL$^{\text{ḪI.A}}$-uš(-šu-uš-ta) Pl.A.c.	II 30
^{GIŠ}TUKUL$^{\text{ḪI.A}}$	III 74

UN s. antuḫša-

UD(.KAM) "Tag" (heth. šiu̯att-)

UD-az Sg.Abl.c.	II 66
UD.KAM$^{\text{ḪI.A}}$-aš Pl.D.-L.c.	II 5

UDU "Schaf"

UDU$^{\text{ḪI.A}}$-<u>ŠU-NU</u>	II 58

UGULA "Aufseher, Anführer"

UGULA	II 22,23(3mal),24; III 2
$^{\text{LÚ.MEŠ}}$UGULA	II 68,71

URU "Stadt" (heth. ḫappira-)

URU-aš Sg.N.c.	II 64
(EN) URU$^{\underline{\text{LIM}}}$	II 64
URU$^{\text{DIDLI.ḪI.A}}$	I 12,20 (B I 18 KUR.KUR^{MEŠ}); III 4,5,(17),[33],42

ZI "Seele, Sinn" (heth. ištanza(na)-)

ZỊ$^{?}$	IV 16/8'

4. Akkadogramme

ABU, ABU BĪTI s. atta-

AJJU "welcher", auch "wer auch immer"

A-A-I	IV 15/7'

ANA (zum Ausdruck des D. vor Ideogr.)

A-NA	I 32,(44); II 36,54,55,57, 64; III 75(bis, 1mal erg.); IV (12/4'),(13/5'),32/24'

ARDU "Diener, Sklave" (s. auch ÌR)

[AR-]DI$^{ḪI.A}$-ŠU-NU	II 58

ATḪŪ (Pl.) "Gefährten; Verwandte(?)"

AT-ḪU-U	IV 17/9'

GABBU "alles, das Ganze"

QA$^{!}$-AB-BI	IV 15/7',22/14'

INA (zum Ausdruck des D.-L. vor Ideogr.)

I-NA	II 16,69; III (7)

-KA "dein"

DAM-KA	II 75
DUMU^{MEŠ}-KA	III [75$^{?}$]

-KUNU "euer"

PA-NI-KU-NU	II 69

LĪMU "tausend"

LI-IM ṢE-RI "Tausend des Feldes" (Truppeneinheit)	II 68,71
LÚ^{MEŠ} LI-IM "tausend Mann" (Truppeneinheit)	II 22

(LÚ) ME ŠĒDI "Angehöriger der Leibgarde" (s. S.116ff.)

GAL ME ŠE-DI	II 62(E II 9' GAL LÚ^{MEŠ} ME ŠE-TI,71(F 10' GAL LÚ^{MEŠ} ME ŠE-DI)
LÚ^{MEŠ} ME ŠE-DI	II 5,66; III (2)

(INA) PĀNI "vor"

I-NA PA-NI-KU-NU	II 69

QADU "samt, zusammen mit"

QA-DU	I 57,64; II 7,8

QATÛ "fertig, zu Ende" (heth. tuḫš-)

QA-TI	IV 36

ŠA (zum Ausdruck des G. vor Ideogr.)

ŠA	II 60; III 17,42(C); IV 36

ŠĒRU "Morgen" s. URRAM ŠĒRAM

ŠUM "Name" (heth. laman)

ŠUM-aš-mi-it III 50,[52]

ŠŪŠI s. Zahlen

Ù "und"

Ù I 3,14,25,41,58; II 26,42,56

UMMA "folgendermaßen"

UM-MA I 1

URRAM ŠĒRAM "in Zukunft"

UR-RA-AM ŠE-RA-AM II 40; III 49

5. Eigennamen

A. Personennamen

B. <u>Ortsnamen</u>

^{URU}Ḫarkii̯a	III 18
^{URU}Ḫaršuu̯a	III 39
^{URU}Ḫaššuu̯a	II 17(bis)
^{URU}Ḫatti(K[UR] ^{URU}Ḫ.)	I 44
^{URU}Ḫattuša	I 24,29,(30); II 33,34(bis), 48,66; III 1,(4); IV 30/22'
^{ÍD}Ḫulai̯a	III 32
^{URU}Ḫulant[a	III 42
^{URU}Ḫupišna	I 10
^{URU}Ḫurma	III 22
^{URU}Ḫurnii̯a	III 28
^{URU}Ḫurpana	I 37
^{URU}Ḫurutta	III 29
^{URU}Ii̯amma	III 31
^{URU}Ikkuu̯anii̯a	III 28

^{URU}Šiḫarna	III 41
^{URU}Šukzii̯a	I (37),(53),57,(58); III (20)
^{URU}Šuplanda	III 32
^{URU}Šuu̯anzuu̯anna	III 40
^{URU}Taga]lmuḫa	III 18
^{URU}Tagarama	I 39,(61)
^{URU}Dammašḫuna	III 41
^{URU}Tamluta	III 40
^{URU}Tappašpa	III 19
^{URU}Terumna	III 29
^{URU}Tipala	III 39
^{URU}Tuu̯anuu̯a	I 10
^{URU}U̯[a-	III 18
^{URU}U̯alimu$^{?}$da	III 31
^{URU}U̯arga[š]ša	III 22

^{URU}U̯aštišša III 26

^{URU}U̯ašuu̯atta III 31

^{URU}U̯int[a- III 27

^{URU}Ulašš[a] III 30

^{URU}Zallara I 10

^{URU}Zelmutta III 19

^{URU}Zizzilippa II 18,19

Fragmentarisches:

-]aš III 28
-]x-aš III 29
-]an-ta-š[a$^{?}$-aš] III 35
-]an-da-aš III 32
-]x-ḫa̱$^{?}$-aš III 27
-]ḫa-aš-ša$^{?}$[-aš] III 34
-i]š-ša-aš III 27
-l]a$^{?}$-aš III 34
-]ma$^{?}$ aš III 25
-n]a-aš-ša-aš-š[a-aš] III 23

-]x-ni-i̯a-aš III 36

-]nu-an-da-aš III 26

-]x-ri-i̯a-aš III 26

-]ša-aš III 20

-d]a-aš III 31

6. Abkürzungs- und Literaturverzeichnis

AAA = Annals of Archaeology and Anthropology - Liverpool

ABAW = Abhandlungen der Bayerischen Akademie der Wissenschaften, Phil.-hist. Abt., NF - München

AHw = Wolfram von SODEN, Akkadisches Handwörterbuch - Wiesbaden (1958) 1965ff.

Al = Der Vertrag des Muwatalliš mit Alakšanduš von Wiluša; zitiert nach FRIEDRICH, SV II 42-102

ALP, Sedat
Beamtennamen = Untersuchungen zu den Beamtennamen im hethitischen Festzeremoniell (Sammlung Orientalistischer Arbeiten H. 5) - Leipzig 1940

AOATS = Alter Orient und Altes Testament, Sonderreihe - Kevelaer 1971ff.

AOS = American Oriental Series - New Haven

Atti AccTosc = Atti dell' Accademia Toscana di Scienze e Lettere "La Colombaria" - Firenze

BIN-NUN, Shoshana R.
THeth 5 = The Tawananna in the Hittite Kingdom (THeth 5) - Heidelberg 1975

BiOr = Bibliotheca Orientalis - Leiden 1944ff.

BoSt = Boghazköi-Studien - Leipzig 1916-1924

BoTU s. FORRER

BRYCE, Trevor R. = The Major Historical Texts of Early Hittite History - St. Lucia 1982

BURDE, Cornelia

StBoT 19 = Hethitische medizinische Texte (StBoT 19) - Wiesbaden 1974

CAD = The Assyrian Dictionary - Chicago - Glückstadt 1956ff.

CARRUBA, Onofrio

Fs Güterbock = Tahurwaili von Hatti und die heth. Geschichte um 1500 v.Chr., in: Fs Güterbock - Istanbul 1974

CHD = The Hittite Dictionary of the Oriental Institute of the University of Chicago - Chicago 1980ff.

CORNELIUS, Friedrich

Gesch Heth = Geschichte der Hethiter - Darmstadt 1973

COUVREUR, Walter C.

H = De hettitische Ḫ - Löwen 1937

CTH = Emmanuel LAROCHE, Catalogue des textes hittites (2. Aufl.) - Paris 1971

Dupp = Der Vertrag Muršiliš II. mit Duppi-Tešup von Amurru; zitiert nach FRIEDRICH, SV I 1-48

EISELE, Werner

Telipinu-Erlaß = Der Telipinu-Erlaß. Dissertation - München 1970

EL = G. EISSER - J. LEWY, Die altassyrischen Rechtsurkunden vom Kültepe (MVAeG 33) - Leipzig 1930

EHS s. KRONASSER, Heinz

FORRER, Emil

BoTU = Die Boghazköi-Texte in Umschrift (WVDOG 41/42) - Leipzig 1922,1926

FRIEDRICH, Johannes

AO 24.3 = Aus dem hethitischen Schrifttum, 1. Heft (Der Alte Orient, Band 24, Heft 3) _ Leipzig 1925

HE(2) = Hethitisches Elementarbuch I, II (Idg Bibl) - Heidelberg 1940, 1946; 2. Aufl.: HE I 1960, HE II 1967

HG = Die Hethitischen Gesetze (Documenta et Monumenta Orientis Antiqui 7) - Leiden 1959, 1971[2]

SV = Staatsverträge des Ḫatti-Reiches in hethitischer Sprache I, II (MVAeG 31.1 und 34.1) - Leipzig 1926, 1930

Fs Diakonoff = Societies and Languages of the Ancient Near East. Studies in Honour of I.M. Diakonoff - Warminster 1982

Fs Friedrich = Festschrift J. Friedrich zum 65. Geburtstag gewidmet - Heidelberg 1959

Fs Güterbock = Anatolian Studies Presented to Hans Gustav Güterbock on the occassion of his 65th birthday - Istanbul 1974

Fs Neumann = Serta Indogermanica. Festschrift für Günter Neumann zum 60. Geburtstag. Hrsg. von J. TISCHLER (IBS 40) - Innsbruck 1982

GOETZE, Albrecht

Ḫatt = Ḫattušiliš. Der Bericht über seine Thronbesteigung nebst den Paralleltexten (MVAeG 29.3) - Leipzig 1925

Kleinasien(2) = Kleinasien (Handbuch der Altertumswissenschaft. Neubearbeitung Abt. III, T. 1, Bd. 3: Kulturgeschichte des Alten Orients, Abschn. 3, Lfg. 1) - München 1933, 1957[2]

GOETZE, Albrecht

Madd = Madduwattaš (MVAeG 32.1) - Leipzig 1928

NBr = Neue Bruchstücke zum großen Text des Ḫattušiliš und den Paralleltexten (MVAeG 34.2) - Leipzig 1930

Tunn = The Hittite Ritual of Tunnawi (AOS 14) - New Haven 1938

Gs Kronasser = Investigationes Philologicae et Comparativae. Gedenkschrift für Heinz Kronasser, hrsg. von E. NEU - Wiesbaden 1982

GÜTERBOCK, Hans Gustav

Neues Handbuch der Literaturwissenschaft = Hethitische Literatur. In: Neues Handbuch der Literaturwissenschaft, hrsg. von W. RÖLLIG - Wiesbaden 1978

GURNEY, Oliver R.

The Hittites = The Hittites (Penguin Books) - Harmondsworth 1952

HAAS, Volkert

KN = Der Kult von Nerik. Ein Beitrag zur Religionsgeschichte (Studia Pohl 4) - Roma 1970

HAAS - WILHELM = V. HAAS - Gernot WILHELM, Hurritische und luwische Riten aus Kizzuwatna (AOATS 3) - Kevelaer 1974

HAB s. SOMMER - FALKENSTEIN

Ḫatt s. GOETZE; OTTEN, StBoT 24

HbOr s. KAMMENHUBER

HEINHOLD-KRAHMER, Susanne

THeth 8 = Arzawa. Untersuchungen zu seiner Geschichte nach den hethitischen Quellen (THeth 8) - Heidelberg 1977

HIRT, Hermann
Indogermanische Grammatik = Indogermanische Grammatik, Teil VI, Syntax I - Heidelberg 1934

HG s. FRIEDRICH

HROZNÝ, Bedřich
Älteste Geschichte Vorderasiens = Die älteste Geschichte Vorderasiens und Indiens - Prag 1943^{2}

Ḫuqq = Der Vertrag des Šuppiluliumaš mit Ḫuḳḳanāš und den Leuten von Ḫajaša; zitiert nach FRIEDRICH, SV II 103-163

HW = J. FRIEDRICH, Hethitisches Wörterbuch (Idg. Bibl) - Heidelberg 1952 (-1954)

HW 1.,2.,3. Erg. = Hethitisches Wörterbuch, 1.-3. Ergänzungsheft - Heidelberg 1957, 1961, 1966

HW^{2} = J. FRIEDRICH † - A. KAMMENHUBER, Hethitisches Wörterbuch, 2. Aufl. - Heidelberg 1975ff.

IBoT = Istanbul Arkeoloji Müzelerinde Bulunan Boğazköy Tabletleri I-III - Istanbul 1944, 1947, 1954

IBS = Innsbrucker Beiträge zur Sprachwissenschaft

JAOS = Journal of the American Oriental Society - Baltimore, Maryland 1851ff.

JCS = Journal of Cuneiform Studies - New Haven 1947ff.

JNES = Journal of Near Eastern Studies - Chicago

JOSEPHSON, Folke

Hethitisch und Indogermanisch = Assibilation in Anatolian, in: Hethitisch und Indogermanisch (IBS 25) - Innsbruck 1979

Kadmos = Kadmos. Zeitschrift für vor- und frühgriechische Epigraphik - Berlin

KAMMENHUBER, Annelies

HbOr = Hethitisch, Palaisch, Luwisch und Hieroglyphenluwisch (Handbuch der Orientalistik 1. Abtl., II. bd., 1. u. 2. Abschn., Lfg. 2: Altkleinasiatische Sprachen) - Leiden 1969

Mat.heth.Thes = Materialien zu einem hethitischen Thesaurus - Heidelberg 1973ff.

MSS Beih. 4 = Hethitisch, Palaisch, Luwisch, Hieroglyphenluwisch und Hattisch. Altkleinasiatische Indices zum Handbuch der Orientalistik - München 1969

KBo = Keilschrifttexte aus Boghazköi, I-VI (WVDOG 30 und 36) - Leipzig 1916-1923; VII ff. - Berlin 1954ff.

KLENGEL, Evelyn u.Horst

Die Hethiter = Die Hethiter und ihre Nachbarn - Leipzig 1968

KOŠAK, Silvin

THeth 10 = Hittite Inventory Texts (CTH 241-250) (THeth 10) - Heidelberg 1982

KRONASSER, Heinz

EHS = Etymologie der hethitischen Sprache - Wiesbaden 1963ff.

KUB = Keilschrifturkunden aus Boghazköi - Berlin 1921ff.

Kup = Der Vertrag Muršiliš II. mit Kupanta-^{D}KAL von Mirā und Kuwalija; zitiert nach FRIEDRICH, SV I 95-181

KZ = Zeitschrift für Vergleichende Sprachforschung, begründet von Adalbert Kuhn; früher: Kuhns Zeitschrift für Vergleichende Sprachforschung - Berlin, später Göttingen 1852ff.

LABAT, Rene
AkkBo = L'Akkadien de Boghaz-Köi - Bordeaux 1932

Madd s. GOETZE

MDOG = Mitteilungen der Deutschen Orient-Gesellschaft zu Berlin - Berlin 1899ff.

MELCHERT, H. Craig
Abl. and Instr = Ablative and Instrumental in Hittite. Dissertation - Cambridge/Mass. 1977

Mesopotamia = Mesopotamia - Copenhagen 1972ff.

MIO = Mitteilungen des Instituts für Orientforschung (DAW Berlin, Institut für Orientforschung) - Berlin 1953ff.

del MONTE, Giuseppe
Rep. Geogr 6 = Die Orts- und Gewässernamen der hethitischen Texte (Repertoire Geographique des Textes Cuneiformes) - Wiesbaden 1978

MVAeG = Mitteilungen der Vorderasiatisch-ägyptischen Gesellschaft - Leipzig 1922-1944

NEU, Erich
Hethitisch und Indogermanisch = Einige Überlegungen zu den hethitischen Kasus-Endungen, in: Hethitisch und Indogermanisch, hrsg. von E. NEU u. W. MEID (IBS 25) - Innsbruck 1979

StBoT 12 = Ein althethitisches Gewitterritual (StBoT 12) - Wiesbaden 1970

StBoT 18 = Der Anitta-Text (StBoT 18) - Wiesbaden 1974

StBoT 25 = Althethitische Ritualtexte in Umschrift (StBoT 25) - Wiesbaden 1980

StBoT 26 = Glossar zu den althethitischen Ritualtexten (StBoT 26) - Wiesbaden 1983

Studien zum endungslosen "Lokativ" = Studien zum endungslosen "Lokativ" des Hethitischen (IBS, Vorträge und kleinere Schriften 23) - Innsbruck 1980

OETTINGER, Norbert

Stammbildung = Die Stammbildung des hethitischen Verbums (Erlanger Beiträge zur Sprach- und Kunstwissenschaft 64) - Nürnberg 1979

Or = Orientalia (Nova Series) - Roma 1932ff.

OTTEN, Heinrich

Fischer Weltgeschichte = Hethiter, Hurriter und Mitanni, in: Fischer Weltgeschichte, Die Altorientalischen Reiche II - Frankfurt a.M. 1966

StBoT 11 = Sprachliche Stellung und Datierung des Madduwatta-Textes (StBoT 11) - Wiesbaden 1969

StBoT 17 = Eine althethitische Erzählung um die Stadt Zalpa (StBoT 17) - Wiesbaden 1973

StBoT 24 = Die Apologie Hattusilis III. Das Bild der Überlieferung (StBoT 24) - Wiesbaden 1981

OTTEN - v. SODEN
StBoT 7 = H. OTTEN - Wolfram v. SODEN, Das akkadisch-hethitische Vokabular KBo I 44 + KBo XIII 1 (StBoT 7) - Wiesbaden 1968

OTTEN - SOUČEK
StBoT 8 = H. Otten - Vladimir SOUČEK, Ein althethitisches Ritual für das Königspaar - Wiesbaden 1969

PECCHIOLI DADDI, Franca
Mestieri = Mestieri, professioni e dignità nell' Anatolia ittita (Incunabula Graeca LXXIX) - Roma 1982

PRU = Le palais royal d'Ugarit III, IV usw.(Mission de Ras Shamra t. VI, IX usw.) - Paris 1955ff.

RHA = Revue hittite et asianique. Organe de la Societe des Etudes Hittites - Paris 1930ff.

RIEMSCHNEIDER, Kaspar K.
Thronfolgeordnung = Die Thronfolgeordnung im althethischen Reich, in: Beiträge zur sozialen Struktur des Alten Vorderasien, hrsg. von Horst KLENGEL (Schriften zur Geschichte und Kultur des Alten Orients 1) - Berlin 1971

ROST, Liane (JAKOB-)
THeth 2 = Das Ritual der Malli aus Arzawa gegen Behexung (KUB XXIV 9) (THeth 2) - Heidelberg 1972

von SCHULER, Einar
HDA = Hethitische Dienstanweisungen für höhere Hof- und Staatsbeamte (AfO Beih. 10) - Graz 1957

SOMMER - FALKENSTEIN
HAB = Ferdinand SOMMER - Adam FALKENSTEIN, Die hethitisch-akkadische Bilingue des Ḫattušili I. (Labarna II.) (ABAW, Phil.-hist. Abt., NF 16) - München 1938

STARKE, Frank
StBoT 23 = Die Funktionen der dimensionalen Kasus und Adverbien im Althethitischen - Wiesbaden 1977

StBoT = Studien zu den Bogazköy-Texten - Wiesbaden 1965ff.

STEFANINI, Ruggero = Una lettera della regina Puduhepa al re di Alasija (KUB XXI 38) (Atti AccTosc XXXIX) - Firenze 1964

STURTEVANT - BECHTEL
Chrest = E.H. STURTEVANT - G. BECHTEL, A Hittite Chrestomathy - Philadelphia 1935

Targ = Der Vertrag [Muršiliš II.] mit Targašnalliš von Ḫapalla; zitiert nach FRIEDRICH, SV I 51-94

Tel = Telipinu-Erlaß

THeth = Texte der Hethiter - Heidelberg 1971ff.

TISCHLER, Johann
Heth.-dt. Wörterverzeichnis = Hethitisch-deutsches Wörterverzeichnis (IBS 39) - Innsbruck 1982

Heth. Etym. Gl = Hethitisches Etymologisches Glossar (IBS 20) - Innsbruck 1977ff.

VBoT = Verstreute Boghazköi-Texte, hrsg. von A. GOETZE, Marburg 1930

WERNER, Rudolf

StBoT 4 = Hethitische Gerichtsprotokolle (StBoT 4) - Wiesbaden 1967

WILHELM, Gernot = Grundzüge der Geschichte und Kultur der Hurriter - Darmstadt 1982

WITZEL, Maurus

Hethitische Keilschrifturkunden = Hethitische Keilschrifturkunden in Transkription und Übersetzung mit Kommentar (Keilinschriftliche Studien 4) - Fulda 1924

WVDOG = Wissenschaftliche Veröffentlichungen der Deutschen Orient-Gesellschaft - Leipzig, später Berlin 1900ff.

ZA = Zeitschrift für Assyriologie und verwandte Gebiete - Leipzig, später Berlin 1886ff.